WISSEN KOMPAKT

Volkswirtschaftslehre

Lust auf Wirtschaft

von

Fritz Hieber

Professor für Volkswirtschaftslehre

6., vollst. überarb. u. erw. Auflage

Verlag Wissenschaft & Praxis

Bibliografische Information der Deutschen Bibliothek

Die Deutsche Bibliothek verzeichnet diese Publikation in der Deutschen Nationalbibliografie; detaillierte bibliografische Daten sind im Internet über http://dnb.d-nb.de abrufbar.

ISBN 978-3-89673-617-8

© Verlag Wissenschaft & Praxis
Dr. Brauner GmbH 2012
D-75447 Sternenfels, Nußbaumweg 6
Tel. +49 7045 93 00 93 Fax +49 7045 93 00 94
verlagwp@t-online.de www.verlagwp.de
Druck und Bindung: Esser Druck GmbH, Bretten

Alle Rechte vorbehalten

Das Werk einschließlich aller seiner Teile ist urheberrechtlich geschützt. Jede Verwertung außerhalb der engen Grenzen des Urheberrechtsgesetzes ist ohne Zustimmung des Verlages unzulässig und strafbar. Das gilt insbesondere für Vervielfältigungen, Übersetzungen, Mikroverfilmungen und die Einspeicherung und Verarbeitung in elektronischen Systemen.

Widmung

Dieses Buch ist der Universität Pitești* in Rumänien (Universitatea din Pitești) und insbesondere der Faculty of Economics Sciences gewidmet.

---

*) Die Universität Pitești hat Prof. Fritz Hieber 2010 die Ehrendoktorwürde verliehen.

Aus der Urkunde – ausgestellt durch das Ministerium für Bildung, Forschung, Jugend und Sport, Bukarest:
„Der Senat der Universität Pitești hat in seiner Sitzung vom 11.10.2010 beschlossen, den Titel Doctor honoris causa der Universität Pitești seiner Exzellenz Herrn Prof. Fritz Hieber für seine besonderen Verdienste in der Unterstützung von Bildungsprojekten der Universität Pitești zu verleihen."

**) Zur Information:

Pitești ist eine Stadt in der Walachei (Rumänien), liegt im Kreis Arges und ist etwa 120 km in westlicher Richtung von der Hauptstadt Rumäniens Bukarest entfernt. Pitești hat ca. 200.00 Einwohner.

Die Universität Pitești gilt in Rumänien als eine der innovativsten Hochschulen, an der zur Zeit rund 20.000 Studenten eingeschrieben sind. (Quelle: Ruhruniversität Bochum)

Die Universität Pitești hat derzeit 12 Fakultäten, u.a.: Faculty of Economics Sciences sowie Faculty of Law and Administrative Sciences. Mit „upit-media" verfügt die Universität Pitești auch über eine eigene Radio- und TV-Station.

Die Universität Pitești hat Hochschulpartnerschaften u.a. mit der Universität Zürich, der Ruhruniversität Bochum (RUB), dem Uniklinikum der RUB, der Johannes Kepler Universität Linz u.a. und ist Mitglied der Donaurektorenkonferenz in Budapest, der ca. 50 Universitäten aus dem Donauraum angeschlossen sind.

Vorwort zur 6. Auflage

Die vorliegende 6. Auflage ist stark verändert, erweitert und auf den aktuellen Stand gebracht.

Methodisch gilt der Inhalt des Vorworts zur 3. Auflage weiterhin als Leitbild dieses Buches.

Zugleich soll es ein Gegenentwurf einer Volkswirtschaftslehre in der Krise sein, bei der es „das gleiche Unterrichtsprogramm wie vor 10 Jahren gibt. Die Studenten pauken Makromodelle…, analysieren das Verhalten von vollständig rationalen Akteuren auf perfekt funktionierenden Märkten und zeichnen Gleichgewichtsmodelle in ihre Blöcke." (Backhaus, Desiree: „Krise? Welche Krise?", in: Handelsblatt vom 14.10.2011)

Gerlingen im Frühjahr 2012 Fritz Hieber

Vorwort zur 3. Auflage

Es gibt sie noch. Wirtschaftsbücher, die dem Leser schwierige und komplexe Sachverhalte in einer immer stärker ökonomisierten Gesellschaft einfach und verständlich erklären können.

Gleichzeitig handelt es sich bei dieser 3. Auflage um die Fortsetzung des Konzepts, dem Leser volkswirtschaftliche (heute besser: gesamtwirtschaftliche) Zusammenhänge praxisorientiert und sehr verständlich zu vermitteln. Der Verfasser hat auf die übliche Darstellungsform verzichtet und mit einem anderen didaktischen Ansatz die wichtigsten Themenfelder der Volkswirtschaftslehre in Form von Übersichtdarstellungen (Folien) präsentiert.

Wirtschaft allgemein verständlich zu machen, ist eine große pädagogische und didaktische Herausforderung, der sich leider viel zu wenige Wirtschaftswissenschaftler gestellt haben. Das Ziel ist, dass der Leser von Wirtschaftsthemen nicht abgeschreckt wird, sondern wirtschaftliche Zusammenhänge versteht und auch für die eigenen Entscheidungen nutzen kann.

Einer der großen akademischen Lehrer des Verfassers, Theodor Eschenburg, hat dieses Konzept schon in seinen Vorlesungen in den 1960iger Jahren an der Universität Tübingen vorbildlich praktiziert: Bei einem so komplizierten und komplexen System (Politik und Wirtschaft) braucht man eine „Fahrschule für Politik und Wirtschaft" (zitiert nach Eschenburg, Th.: Letzten Endes meine ich doch, Erinnerungen 1933–1999, Berlin 2002, S. 195).

Das volkswirtschaftliche Denken lebt grundsätzlich von Ursache-Wirkungs-Zusammenhängen. Ein Beispiel soll dies verdeutlichen: Wachstumsschwäche (Ursache) – Arbeitslosigkeit (Wirkung). Dieses logische Kettendenken hat den Verfasser schon als Student fasziniert.

Das vorliegende, leicht verständliche Buch hat sich aus der Erfahrung einer langjährigen Lehrtätigkeit des Verfassers entwickelt: an Universitäten, Fachhochschulen, Dualen Hochschulen, Verwaltungs- und Wirtschaftsakademien sowie Fortbildungsveranstaltungen in der Privatwirtschaft und in Non-Profit-Organisationen. Das Buch ist von daher für alle Studierenden an Hochschulen im Grundstudium, an Berufsakademien, sonstigen Fortbildungseinrichtungen und auch für Schüler in Wirtschaftsgymnasien geeignet. Darüber hinaus ist das Buch vor allem auch als „Fahrschule für die Wirtschaft" für alle interessierten Leser gedacht, die für Entscheidungen im Beruf und Privatleben wirtschaftliche Sachkenntnisse und Zusammenhänge brauchen.

Nichts ist so spannend wie Wirtschaft und deshalb soll die Lektüre dieses Buches Lust auf Wirtschaft machen.

Sommer 2005   Fritz Hieber

Inhaltsverzeichnis

Kapitel I:	**Einführung in die Volkswirtschaftslehre**	**11**
1.	Wirtschaftswissen ist Allgemeinbildung	12
2.	Bausteine einer Volkswirtschaft	20
Kapitel II:	**Konjunktur in Zahlen**	**37**
3.	Buchführung der Volkswirtschaft	37
4.	Das Auf und Ab der wirtschaftlichen Entwicklung	47
5.	Kennzahlen zur Beurteilung der wirtschaftlichen Entwicklung	56
Kapitel III:	**Soziale Marktwirtschaft**	**63**
6.	Soziale Marktwirtschaft – Verbindung von Wirtschaft und Ethik	63
7.	So funktioniert die Marktwirtschaft	68
8.	Gefahren für den Wettbewerb	85
Kapitel IV:	**Politische Beeinflussung der Volkswirtschaft**	**89**
9.	Strategien der Wirtschaftspolitik	89
10.	Wachstum, Arbeitslosigkeit und Inflation	103
11.	Die Rolle der öffentlichen Haushalte	110
12.	Gerechte Verteilung ...	121
13.	Wohlstand und Umwelt	127
Kapitel V:	**Ökonomische Dimensionen der Europäischen Integration**	**141**
14.	Europäische Wirtschafts- und Währungsunion	141
15.	Geldpolitik der Europäischen Zentralbank	153

Ein Nachtrag: Warum VWL das beste Studium ist   **165**

Literaturverzeichnis   **167**

Kapitel I: Einführung in die Volkswirtschaftslehre

Lernen heute mit „mind-map"

– Eine Darstellungsform für das wissenschaftliche Arbeiten, für die Aufbereitung und Strukturierung von Informationen bis hin zur Präsentation – von der Lernpsychologie empfohlen –

N = Nachfrage
A = Angebot
M = Geldmenge

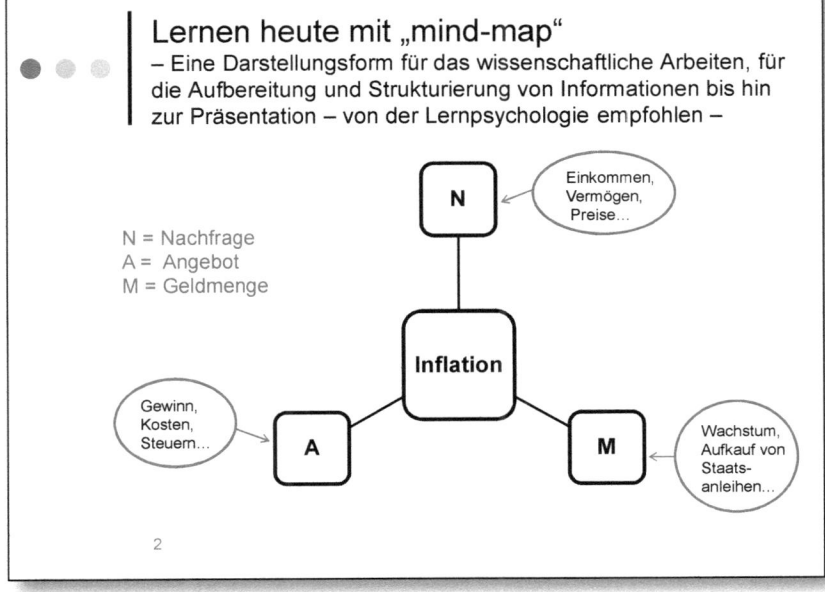

1. Wirtschaftswissen ist Allgemeinbildung

Jeden Tag sind die Medien voller Berichte und Kommentare über unsere Volks- und Weltwirtschaft:

1. Finanzkrise…

(Quelle: Microsoft, 2009)

Einführung in die Volkswirtschaftslehre 13

...

2. Weshalb steigen Preise?
3. Warum verändert die Europäische Zentralbank (EZB) den Leitzins?
4. Weshalb geht ein Arbeitsplatz verloren?
5. Was versteht man unter dem Bruttoinlandsprodukt (BIP)?

Wer entscheidet im Wirtschaftsleben?

- Private Haushalte
  (nachfolgend Symbol H)
- Unternehmungen
  (nachfolgend Symbol U)
- Staat (Bund, Länder, Gemeinden)
  (nachfolgend Symbol St)
- Ausland
  (nachfolgend Symbol Au)

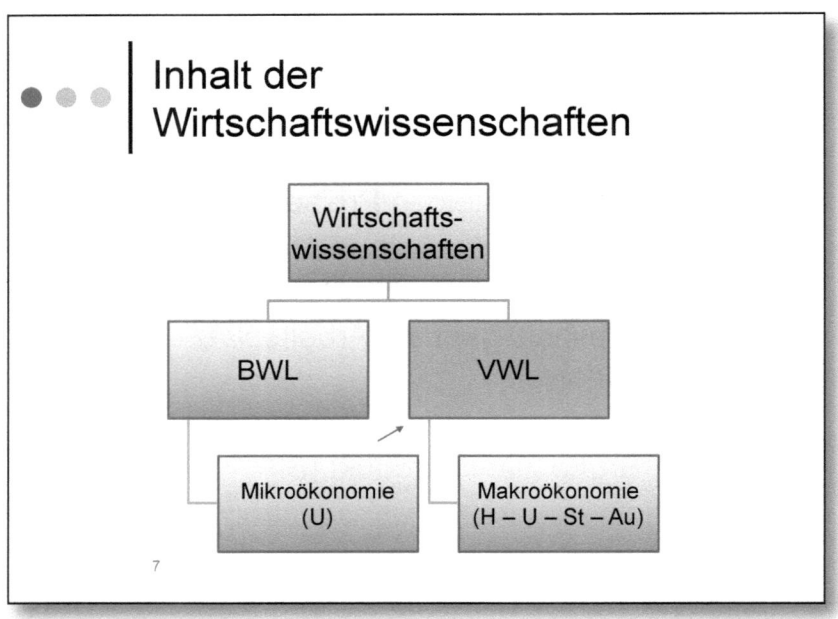

Entwicklung des Wirtschaftskreislaufs (1)

- Da in einer Volkswirtschaft viele Millionen Wirtschaftssubjekte irgendeine wirtschaftliche Entscheidung treffen, ergibt sich daraus eine verwirrendes und kompliziertes Gefüge von Tauschprozessen. Will man diese komplexen Prozesse besser verstehen, benötigt man als Instrument den Wirtschaftskreislauf.
- Der Wirtschaftskreislauf ist die bildhafte Vorstellung, dass sich der Wirtschaftsprozess in einer arbeitsteiligen Volkswirtschaft vor allem in ökonomischen Transaktionen zwischen Wirtschaftssubjekten oder Sektoren (H, U, St, Au) widerspiegelt.
- Der Wirtschaftskreislauf ist nichts anderes als ein vereinfachtes Abbild der komplexen Wirtschaftsrealität. Mit Hilfe von Wirtschaftskreisläufen können die vielfältigen Beziehungen in einer Volkswirtschaft einfacher und übersichtlicher dargestellt werden.

Entwicklung des Wirtschaftskreislaufs (2)

- Der Gedanke, das volkswirtschaftliche Geschehen als einen Kreislauf zu betrachten, entstand bereits im 18. Jahrhundert. Die Idee stammt von dem französischen Arzt Francois Quesnay (1694–1774), der im Jahre 1758 das „Tableau économique" entwickelte, das die wechselseitigen Beziehungen zwischen Güter- und Geldströmen aufzeigte. Quesnay – der Leibarzt von König Ludwig XVI. – verglich den Wirtschaftskreislauf mit dem Blutkreislauf.
- Karl Marx (1818–1883) griff die Idee des Kreislaufbildes von Quesnay wieder auf und entwickelte sie weiter.
- Die jetzige Form des Wirtschaftskreislaufs geht vor allem auf John Maynard Keynes (1883–1946) zurück. Seine Untersuchungen waren bahnbrechend für das Verständnis makroökonomischer Zusammenhänge.
- Die Kreislaufbetrachtung hat in der 2. Hälfte des 20. Jahrhunderts zur Volkswirtschaftlichen Gesamtrechnung (VGR) geführt.
  (siehe auch: Kap. II, 1.)

Stufen des Wirtschaftskreislaufs

- 1. Stufe
  einfacher Wirtschaftskreislauf mit den Sektoren Haushalte und Unternehmungen (3a)
- 2. Stufe
  erweiterter Wirtschaftskreislauf:
  Stufe 1 + Staat
- 3. Stufe
  vollständiger Wirtschaftskreislauf:
  Stufe 2 + Banken und Ausland (3b)

Wirtschaftskreislauf - 1. Stufe

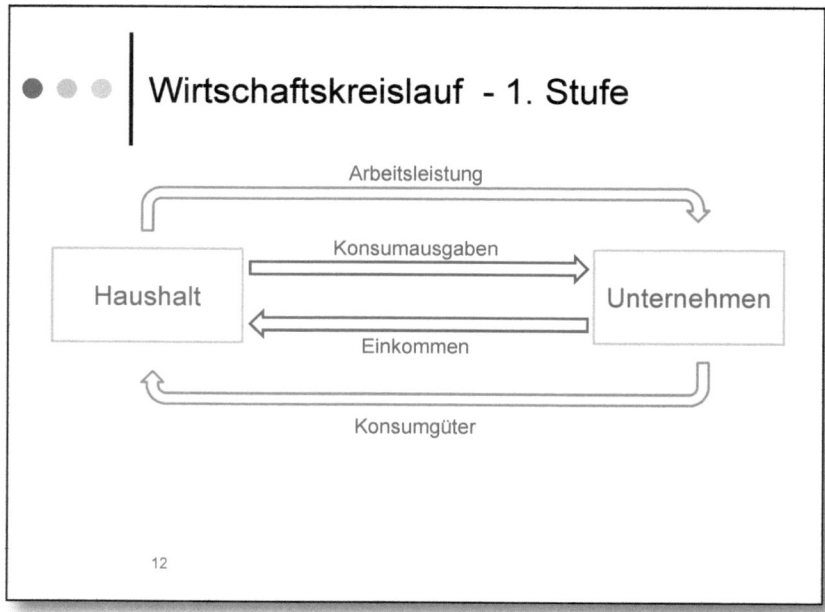

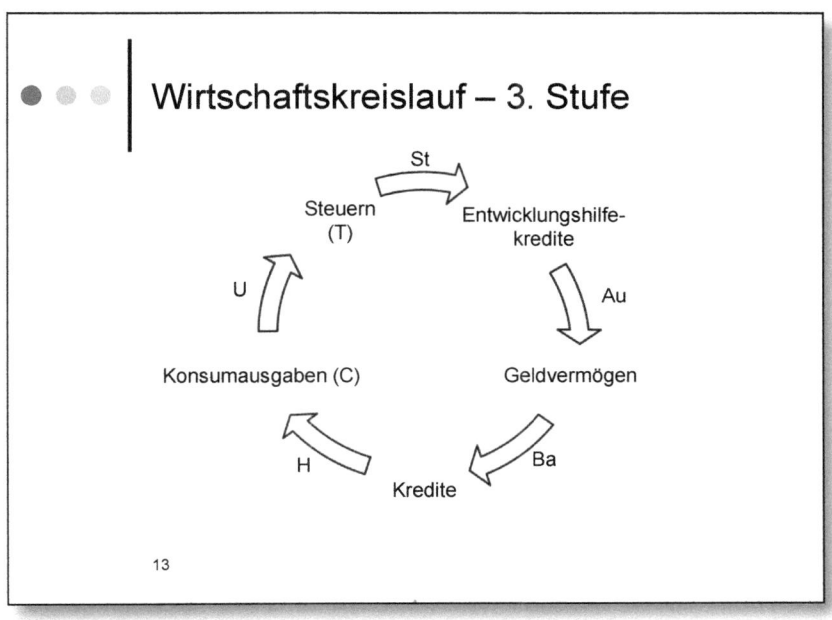

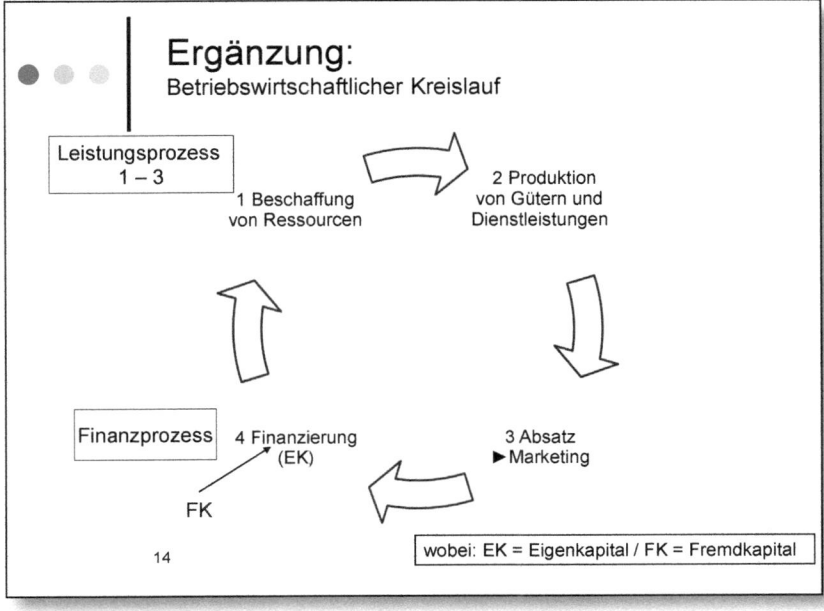

Das Fach Volkswirtschaftslehre ist praxisorientiert.

Fallbeispiel Arbeitslosigkeit:

- Beschreibung mit Kennzahlen (Arbeitslosenquote)
- Modellbildung (wichtigste Ursachen der Arbeitslosigkeit)
- Prognose (zukünftige Entwicklung)
- Beratung der Politik (siehe Aufgaben des Sachverständigenrats in der BRD)

Modellbildung
(ceteris-paribus-Klausel, lat.: unter sonst gleichen Bedingungen)

Methode: mind map

Nachfrage — Arbeitslosigkeit — Struktur / Standort

Neue Wege in der Volkswirtschaftslehre
– Eine kritische Bilanz des volkswirtschaftlichen Denkens –

- Kritik an der...
  - ...Prämisse des homo oeconomicus, den rational handelnden Menschen, der nur den eigenen Interessen folgt und seinen Nutzen maximieren will.
  - ...Annahme der vollständigen Information und Transparenz.
  - ...mathematisch-formalistischen Volkswirtschaftslehre, die nur scheinbar mehr Klarheit und Präzision mit sich bringt.
  - ...Marktgläubigkeit der neoklassischen Ökonomie. Führt der Marktmechanismus von sich aus zum Gleichgewicht oder gibt es nicht immer mehr Beispiele für Marktversagen?

Schwächen des Marktes
– Marktversagen

- Beispiele:
  - Bildung
  - Verkehrsnetz
  - Umwelt
  - Monopolisierungstendenzen
  - Arbeitslose
  - Sozialhilfeempfänger
  - Behinderte
  - Wirtschaftskrisen
  usw.

Drei Hauptaufgaben des Staates in der Marktwirtschaft

Einteilung nach Richard A. Musgrave, amerikanischer Finanzwissenschaftler (1910–2007):

1. **Allokation**
   (= Lenkung der Ressourcen/Produktionsfaktoren z.B. durch Subventionen – Wie können die gegebenen Ressourcen optimal, d.h. mit höchstmöglichem Ertrag eingesetzt werden?)
2. **Verteilung**
   (= Einkommensverteilung durch den Markt / Korrektur z.B. durch Steuereinnahmen einerseits und Sozialleistungen andrerseits > Umverteilung – Wie wird das Einkommen in der Gesellschaft verteilt und wie kann entsprechend der sozialpolitischen Vorstellungen korrigiert werden?)
3. **Stabilisierung**
   (= antizyklische Finanzpolitik, z.B. durch Investitionsprogramme im Abschwung/Krise – Wie können Konjunkturkrisen vermieden werden?)

2. Bausteine einer Volkswirtschaft

Baustein 1: Bedürfnisse und Ressourcen
Baustein 2: Güter
Baustein 3: Bruttoinlandsprodukt (BIP)
Baustein 4: Arbeitsteilung
Baustein 5: Geld

Baustein 1: Bedürfnisse…

Bedürfnispyramide nach A. Maslow (1958)

Selbstverwirklichung	Entwicklung
Soziale Anerkennung	Wertschätzung
Soziale Kontakte	Soziale Beziehungen
Fester Arbeitsplatz	Sicherheit
Essen, Trinken	Grundbedürfnisse

…und Ressourcen

- Arbeit
- Sachkapital
- Natur
- Wissen, Bildung
- Rechtssystem
- Sozialsystem
- Informationssystem usw.

Knappheit zwischen Bedürfnissen und Ressourcen

- Wirtschaften ist der sparsame Umgang mit knappen Mitteln.
- Deshalb muss man sich ökonomisch rational verhalten.
  (Wirtschaftlichkeitsprinzip = W):
  1. Minimalprinzip: mit minimalem input (Aufwand) einen gegebenen output (Ertrag) erzielen
  2. Maximalprinzip: mit gegebenem input (Aufwand) einen maximalen output (Ertrag) erreichen
  3. W > 1 = erfolgreiches wirtschaftliches Handeln

Einführung in die Volkswirtschaftslehre 23

Baustein 2: Güter

- Freie Güter...
  ...sind frei verfügbar ohne Preis, z.B. Sonne
- Sachgüter...
  ...sind materiell, z.B. Pizza
- homogene Güter...
  ...sind gleichartig, z.B. Strom
- Konsumgüter...
  ...werden von privaten Haushalten verwendet, z.B. PC
- Substitutionsgüter...
  ...ersetzen sich, z.B. Butter und Margarine
- private Güter...
  ...werden von privaten Unternehmungen angeboten, z.B. PC

- Knappe Güter
  ...sind begrenzt verfügbar mit Preis, z.B. Sonnenbank
- Dienstleistungen...
  ...sind immateriell, z.B. Pizzadienst
- heterogene Güter...
  ...sind verschiedenartig, z.B. Auto
- Investitionsgüter...
  ...werden von Unternehmungen verwendet, z.B. PC
- Komplementärgüter
  ...ergänzen sich, z.B. Lampe und Glühbirne
- öffentliche Güter
  ...Anbieter ist der Staat, z.B. Straßen

Private Güter

Private Güter (private Wirtschaft)
- Ausschluss in der Nutzung (über den Preis)
- Rivalität in der Nutzung
- Keine kostenlose Verwendung („Trittbrettfahren") möglich

Bedeutung des Trittbrettfahrer-Verhaltens (Free-Rider-Verhalten) für wirtschaftliche Entscheidungen

Beispiele für Trittbrettfahrer-Verhalten (Free-Rider-Verhalten)

- **Teamentlohnung**
  Den Bonus erhält auch der, der nichts zum Erfolg beigetragen hat.
- **Gemeinsame Diplomarbeit**
  Die gute Note erhält auch der, der wenig zum Ergebnis beigetragen hat.
- **Häusliche Arbeit**
  Ein Familienmitglied, das sich drückt, fährt Trittbrett zu Lasten der fleißigeren Mitbewohner.
- **Umweltschutzvereinbarungen**
  Wer diese unterläuft, profitiert auf Kosten der anderen, sei es bei Fischfangquoten oder Klimaschutzabkommen.

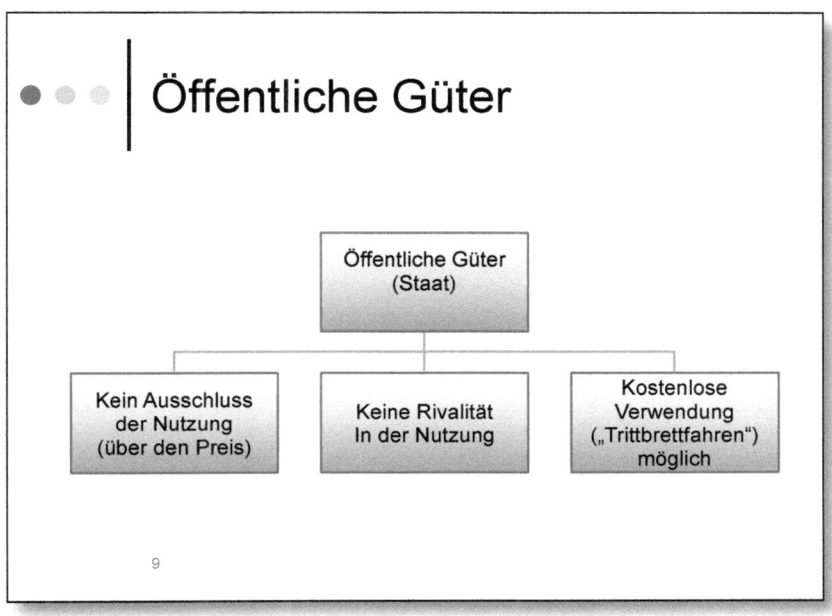

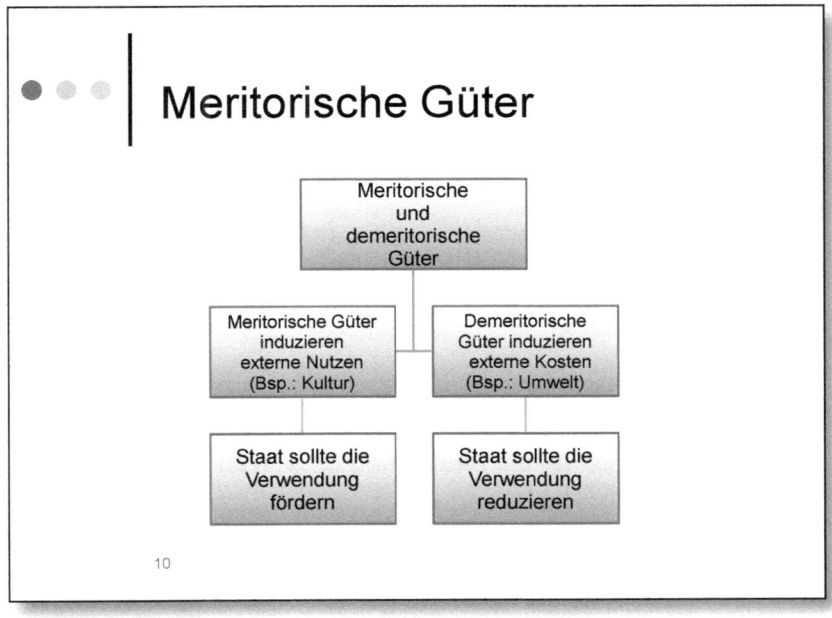

Anleitung zum Glücklichsein

Quelle: Frey, B. und Stutzer, A.: Economic Consequences of Mispredicting Utility, New York 2004

Baustein 3: Bruttoinlandsprodukt

- Das Bruttoinlandsprodukt (=BIP) ist die gesamte Wirtschaftsleistung, die im Inland innerhalb eines bestimmten Zeitraums (Quartal, Jahr) erbracht wird.

- Die Zunahme des BIP (= Wachstumsrate) ist der offizielle Indikator in der Europäische Union für die Beurteilung der wirtschaftlichen Entwicklung.

Opportunitätskosten

- Wer das Wirtschaften näher untersucht, muss sich mit dem Begriff Opportunitätskosten auseinandersetzen.
- Wegen knapper finanzieller Mittel ist die Steigerung der Produktion (oder Verwendung) eines Gutes nur auf Kosten der Reduzierung der Produktion (oder Verwendung) eines anderen Gutes möglich.
- Opportunitätskosten Kosten für die entgangene andere Gelegenheit (opportunity costs).

Beispiel für Opportunitätskosten:
Kalkulatorische Zinsen

- Kalkulatorische Zinsen basieren auf dem Grundgedanken, dass durch die Bindung des Eigenkapitals im Betrieb ein Nutzenentgang verbunden ist. Dem Eigenkapitalgeber entgehen nämlich Zinserträge, die bei alternativen Anlagen außerhalb des Betriebs hätten erzielt werden können.

Opportunitätskosten
– Die richtigen Entscheidungen treffen

- Das Konzept der Opportunitätskosten (Alternativkosten) ist eine wichtige Hilfe bei rationalen wirtschaftlichen Entscheidungen.
- Beispiel:
  Einsatz von 200,-- € Geldvermögen
  a) entweder im Betrieb mit Gewinn 4,-- €
  oder
  b) Geldanlage mit Rendite 8,-- €
- Entscheidet man sich für a) verzichtet man auf b). Die Opportunitätskosten betragen 4,-- €.

Baustein 4: Arbeitsteilung

```
          Arten
     der Arbeitsteilung
      ┌──────┼──────────┐
  zwischen  innerbetrieblich  volkswirtschaftlich
  Personen                         │
                              international
```

Zur Arbeitsteilung…

…Adam Smith (Begründer der Nationalökonomie, 1723–1790):

„Die enorme Steigerung der Arbeit, die die gleiche Anzahl Menschen infolge der Arbeitsteilung zu leisten vermag, hängt von drei Faktoren ab:
a) der größeren Geschicklichkeit jedes einzelnen Arbeiters,
b) der Ersparnis der Zeit, die gewöhnlich beim Wechsel von einer Tätigkeit zur anderen verloren geht, und
c) der Erfindung einer Reihe von Maschinen, welche die Arbeit erleichtern, die Arbeitszeit verkürzen und den einzelnen in den Stand versetzen, die Arbeit vieler zu leisten."

Vorteile der Arbeitsteilung

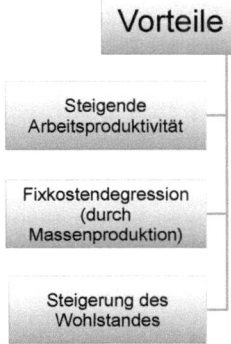

Vorteile
- Steigende Arbeitsproduktivität
- Fixkostendegression (durch Massenproduktion)
- Steigerung des Wohlstandes

Nachteile der Arbeitsteilung

- Nachteile
  - Wirtschaftliche Abhängigkeiten
  - Motivationsverlust
  - Sinkende Qualität, abnehmende Beziehung zum Produkt

Baustein 5: Geld

- In modernen Gesellschaften findet Spezialisierung auf bestimmte Tätigkeiten statt. Das nennt man Arbeitsteilung. So spezialisiert sich ein Schuster auf die Herstellung von Schuhen, ein Bäcker auf das Backen von Broten usw.. Auf diese Weise können mehr Güter hergestellt werden als in einer Wirtschaft ohne Arbeitsteilung.
- Geldwirtschaft ist eine Folge der Arbeitsteilung. Der Bäcker kann von seinem Brot allein nicht leben. Daher muss er das Brot gegen andere Güter tauschen, z.B. gegen Schuhe. Es entsteht aus der Naturalwirtschaft eine Tauschwirtschaft, die sehr umständlich ist, da Tauschpartner gefunden werden müssen, die genau das anbieten, was man sucht. Zudem muss man sich auf ein Austauschverhältnis einigen. Wie viele Schuhe sind ein Brot wert? Was macht der Bäcker mit den Schuhen, wenn er doch eigentlich Papier wollte?
- Das Geld als allgemein anerkanntes Zahlungsmittel ermöglicht den reibungslosen Tausch der Güter:
  Güter gegen Geld und Geld gegen Güter (= Geldwirtschaft).
- Geld ist ein zentraler Wertmaßstab, der das Tauschen vereinfacht.
- Kaufkraft des Geldes (Geldwert) = 1 : P (wobei P = Preisniveau).

Entwicklungsstufen des Geldes

Unser heutiges Geld ist das Ergebnis eines jahrtausendelangen Entwicklungsprozesses.

1. Phase: Warengeld
In der ersten Entwicklungsstufe des Geldes wurden Gebrauchsgegenstände als Zahlungsmittel verwendet, z.B.: Felle, Pfeilspitzen, Muscheln.

2. Phase: Münzgeld (7. Jahrhundert v. Chr.)
Im Anschluss daran wurden in der nächsten Entwicklungsstufe wertvolle Metalle genutzt,
z.B.: Silber und Gold. Metall konnte man leicht als Geld verwenden, wenn es genormt wurde. Daher wurde es zu Münzen geprägt, bei denen z.B. das Gewicht und der Goldgehalt vom Münzherrn (z.B. König) durch einen Siegelaufdruck garantiert wurden.

3. Phase: Papiergeld (im 17. Jahrhundert – Schweden)
Danach entstand das Papiergeld und das Geld löste sich damit vom „Stoffwert". Es entwickelten sich Banknoten, die einfach zu transportieren waren.

4. Phase: Buchgeld – Giralgeld (17. Jahrhundert – Norditalien)
Parallel zu den frühen Formen des Papiergeldes entwickelte sich in den großen Handelsstätten Norditaliens das Giralgeld. Diese Geld ist nur in den Kontobüchern der Banken verzeichnet. So ließen sich Zahlungen ohne Einsatz von Bargeld tätigen. Dieses System des „stofflosen" Geldes hat sich bis heute erhalten.

21

Geldarten

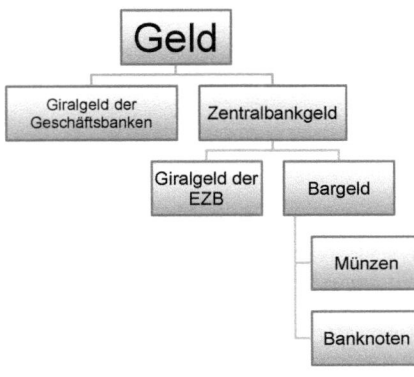

22

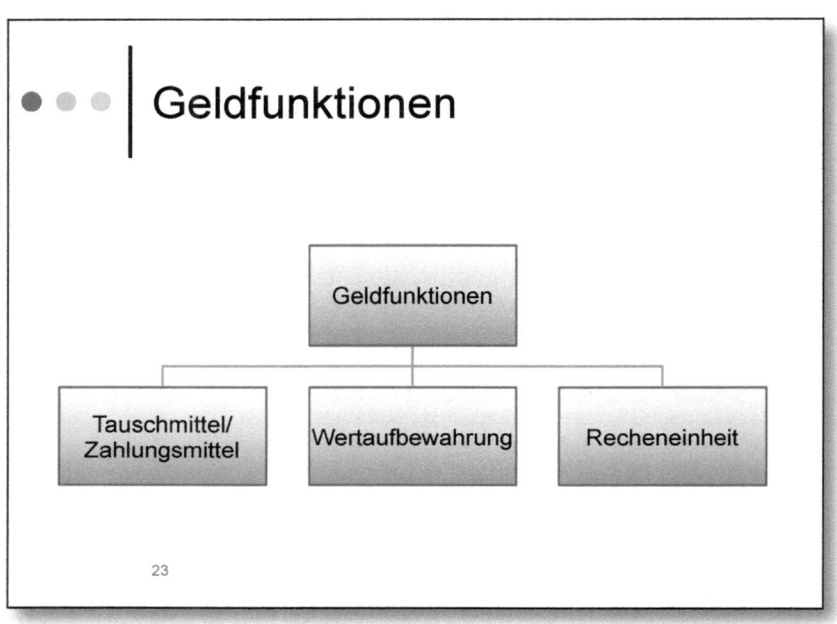

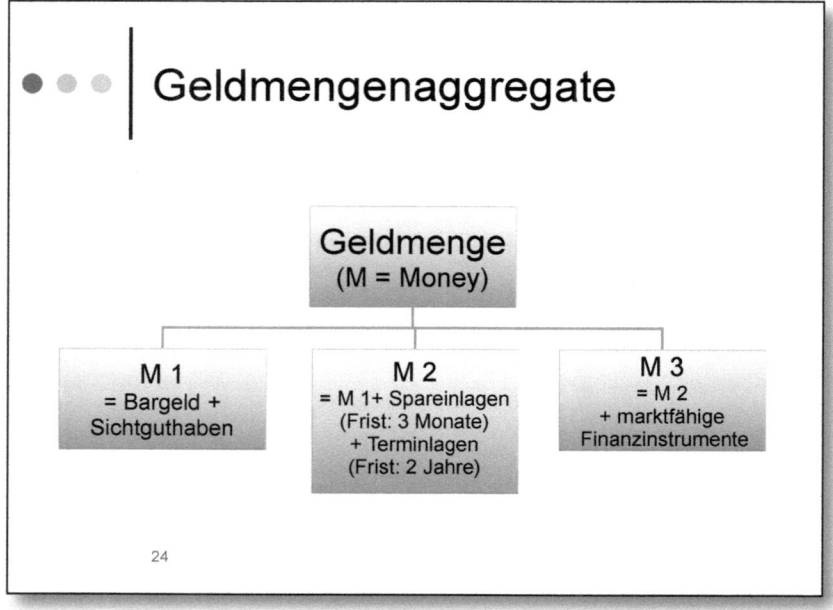

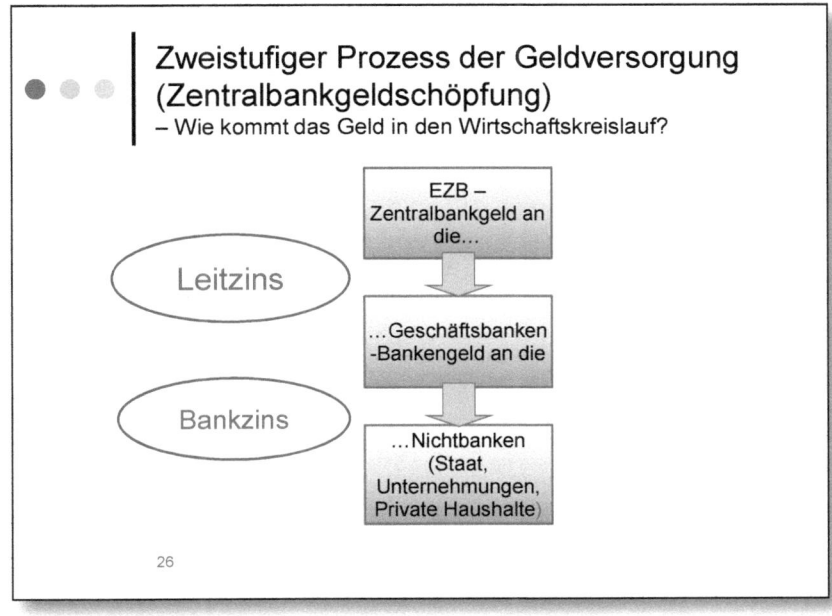

Einstufiger Prozess der Geldversorgung

- Neben dem zweistufigen Prozess der Geldversorgung kommt es auch in geringerem Umfang zu einer direkten Geldversorgung mit Zentralbankgeld zwischen Zentralbank und Nichtbanken.

- Beispiele: neues Bargeld direkt an die privaten Haushalte bei Einführung des Euro, Kredite an den Staat

Giralgeldschöpfung durch die Geschäftsbanken

- Giralgeldkette (Annahmen: Mindestreserve (MR) = 10%, Liquiditätsreserve (LR) = 10%)
1. Bei der Bank A entsteht durch die Einzahlung von 100.000,-- € auf ein Girokonto eine entsprechende Sichteinlage. Als Kredit kann die Bank A die Überschussreserve (ÜR) von 80.000,-- € als Kredit vergeben, z.B. an den Kunden Müller, auf dessen Konto der Betrag fließt.
2. Müller kauft mit diesem Kredit ein Auto und überweist den Betrag von 80.000,-- € von seinem Konto bei der Bank A auf das Konto des Autohändlers Maier bei der Bank B. Aus dieser Sichteinlage verbleibt der Bank B eine ÜR von 64.000,-- € zu einer weiteren Kreditvergabe.
3. Wenn wir diese Sequenzanalyse fortsetzen verbleibt in der dritten Phase eine ÜR von 51.200,-- €
usw.

Multiple Geldschöpfung – kein Wunder

Annahmen: Einzahlung € 100.000 –
Mindestreserve (MR) 10% – Liquiditätsreserve (LR) 10%

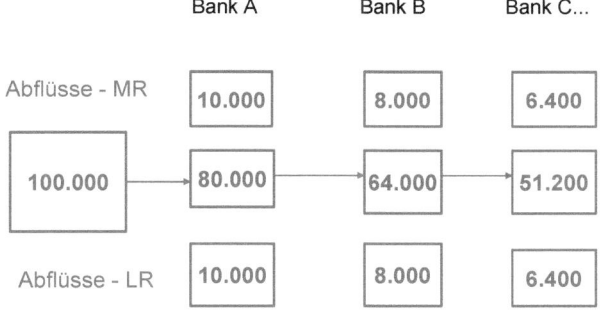

(siehe auch Multiplikatorwirkung bei einer Erhöhung der staatlichen Nachfrage – gleiches Prinzip / Kap II,4)

Gesamtbetrag der Giralgeldschöpfung

- Die Gesamtsumme der Giralgeldschöpfung kann man mühsam ermitteln, indem man die Überschussreserven sämtlicher Sequenzen addiert.
- Das theoretisch maximale Geldschöpfungsvolumen kann einfacher durch die Summenformel der unendlichen geometrischen Reihe berechnet werden:
- Giralgeldschöpfungsvolumen =

  1 : MR (zzgl. LR) x erste ÜR

- Der Giralgeldschöpfungsmultiplikator ist demnach

  1 : MR

- Berechnung I mit MR: 800.000,-- € = 10 x 80.000,-- €
- Bei zusätzlicher Berücksichtigung der LR:
  Berechnung II: 400.000,-- € = 5 x 80.000,-- €

Kredite

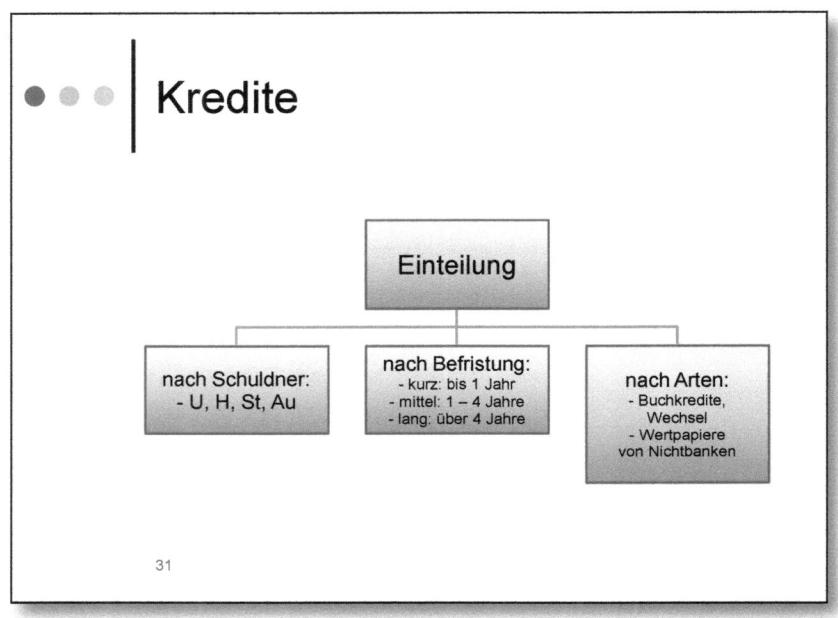

Monetäre Märkte und Zinssätze

- Geldmarkt – Geldmarktsatz
  (Handel mit Zentralbankgeld unter Banken, kurzfristig)
- Kapitalmarkt – Kapitalmarktsatz
  (Wertpapiermärkte; langfristig)
- Bankeneinlagenmarkt – Habenzinsen
  (Sicht-, Termin- und Spareinlagen)
- Bankenkreditmarkt – Sollzinsen
  (Kreditvergabe der Banken)
- Internationale Finanzmärkte – Eurosätze
  („Euromärkte")

Kapitel II: Konjunktur in Zahlen

3. Buchführung der Volkswirtschaft

Die Volkswirtschaftliche Gesamtrechnung (VGR)

Volkswirtschaftliche Gesamtrechnung (VGR)
– Buchführung im größeren Rahmen

- Die Volkswirtschaftliche Gesamtrechnung (VGR) ist die praktische Nutzanwendung des Wirtschaftskreislaufs. Mit diesem Rechenwerk versucht man im Nachhinein (ex-post) für einen abgelaufenen Zeitraum Rechenschaft darüber abzulegen, welche zahlenmäßigen Ergebnisse sich aus Wirtschaftsprozess einer Volkswirtschaft ergeben.
- Die VGR ist vergleichbar mit der Gewinn- und Verlustrechnung einer Unternehmung.
- Die deutsche VGR entspricht in ihren Aufgaben und der Struktur dem Europäischen System Volkswirtschaftlicher Gesamtrechnungen (ESVG).
- Mit dem ESVG ist sichergestellt, dass die Erfassung volkswirtschaftlicher Daten in allen EU-Ländern vereinheitlicht ist.
- Das ESVG basiert auf dem System of National Accounts (SNA) der UNO.

Das Bruttoinlandsprodukt (BIP) wird drei Mal berechnet.

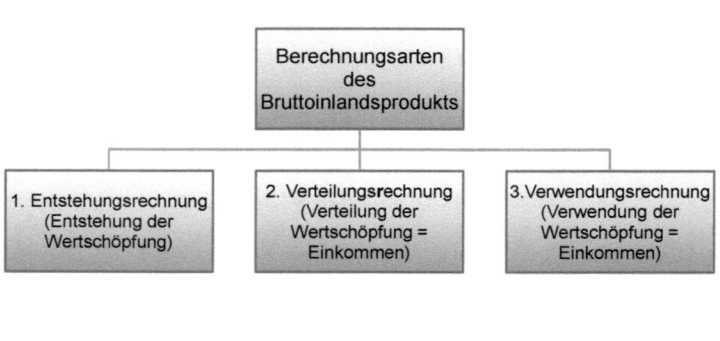

Die Berechnung des BIP

– am mikroökonomischen Beispiel der Studentin Frau X, die nach dem Bachelor eine Stelle antritt:

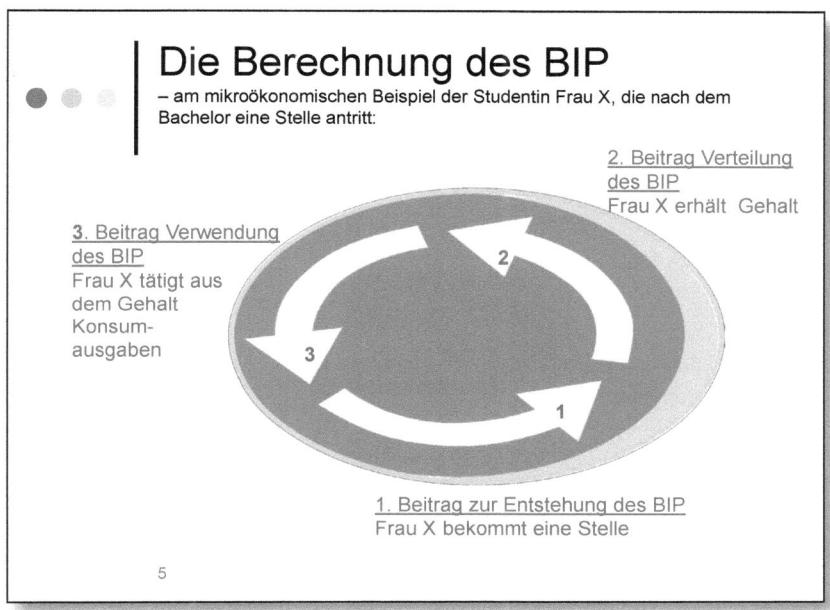

2. Beitrag Verteilung des BIP
Frau X erhält Gehalt

3. Beitrag Verwendung des BIP
Frau X tätigt aus dem Gehalt Konsumausgaben

1. Beitrag zur Entstehung des BIP
Frau X bekommt eine Stelle

---

1. Entstehungsrechnung

Das BIP wird in der VGR in Anlehnung an die betriebswirtschaftliche Wertschöpfungsrechnung ermittelt:

Summe der Produktionswerte
- Vorleistungen
= Bruttowertschöpfung

Die Entstehungsrechnung dient der Strukturpolitik.

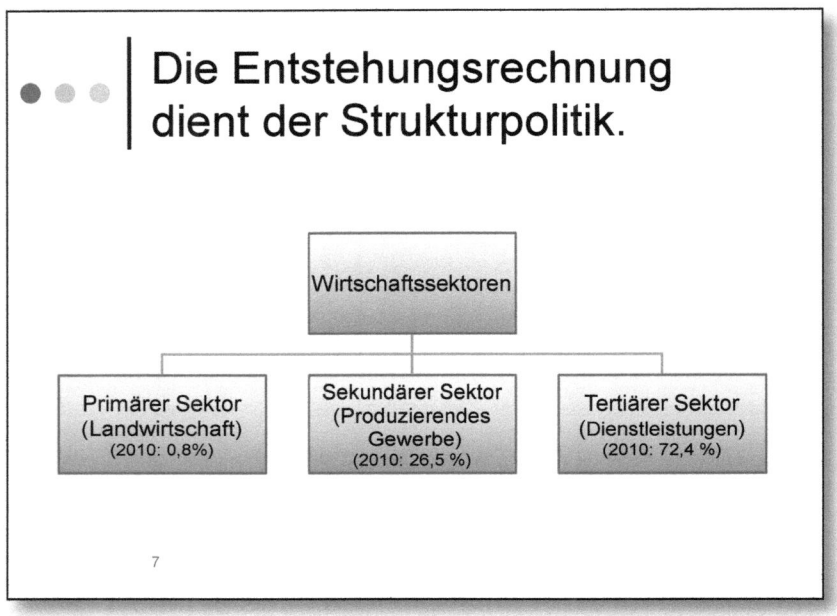

Die schwierige Kunst, den Wohlstand in einer Gesellschaft zu messen.

o Das BIP und dessen Wachstumsrate ist der offizielle Maßstab für den Wohlstand einer Gesellschaft. Doch sagt dieser Maßstab alles über unser Wohlergehen aus? So wird das BIP zu den jeweiligen Marktpreisen erfasst (BIP = Preis x Menge). Damit sind Leistungen ohne Marktpreise nicht im BIP enthalten:
1. Hausarbeit
2. negative externe Effekte (Umweltbelastungen)
3. positive externe Effekte (Glück, Zufriedenheit)
4. Schwarzarbeit
5. Bewertung staatlicher Leistungen
6. Qualität der Einkommens- und Vermögensverteilung

Konjunktur in Zahlen 41

Von der Entstehungs- zur Verteilungsrechnung:
BIP und Bruttonationaleinkommen
(mit Zahlen in Mrd. € von 2010 / BRD)

- BIP (ca. 2.500)

  + Einkommen aus dem Ausland
  - Einkommen an das Ausland (+ 32)

  = Bruttonationaleinkommen (= 2.532)

- wobei:

  BIP nominal
  - Inflationsrate
  = BIP real

2. Verteilungsrechnung

- Bruttonationaleinkommen (2.532)

  - Abschreibungen (365)
  - indirekte Steuern
  + Subventionen   (266)

- = Volkseinkommen (= 1.901)

Verteilung des Volkseinkommens

o Verteilung des Volkseinkommens

1. Arbeitnehmerentgelt

   Kennzahl: Lohnquote

   Arbeitnehmerentgelt : Volkseinkommen x 100 = ca. 65%

+ 2. Unternehmens- und Vermögenseinkommen
   Kennzahl: Gewinnquote = ca. 35%

Verfügbares Einkommen

o Volkseinkommen (1.901)

   - direkte Steuern und Sozialabgaben
   + Transfereinkommen

= verfügbares Einkommen (2.142)

   - Konsumausgaben (1.445)

= Sparen (697)

Die Verteilungsrechnung dient der Verteilungspolitik.

1. Die primäre Verteilung der Einkommen ergibt sich durch das Marktergebnis (Tarifverhandlung):
   Einkommen aus unselbständiger Tätigkeit
   (Lohnquote = 2010: 67,5%)
   und Einkommen aus Unternehmertätigkeit und Vermögen (Gewinnquote = 2010: 32,5%).
2. Die sekundäre Einkommensverteilung ergibt sich durch den staatlichen Eingriff:
   Steuereinnahmen einerseits und Sozialleistungen andrerseits (staatliche Umverteilung).

3. Verwendungsrechnung
- Die verteilten Einkommen werden zur Nachfrage verwendet.

Angebot (A) = BIP (Y) + Importe (Im)	=	Nachfrage (N) (Verwendung) = 3a) Konsum (C) - 2010: 58,9% + 3b) Investitionen (I) - 2010: 17,3% + 3c) Staatsnachfrage (G) - 2010: 19,6% + 3d) Export (Ex) - 2010: Außenbeitrag, d.h.: Ex – Im = 4,1%
Gleichgewicht: (1) Y + Im = C + I + G + Ex (2) Y = C + I + G + (Ex – Im)		

3a) Konsum und Sparen

- Einkommen (Y) = Konsum (C) + Sparen (S)
- Y = C + S (Verwendungsgleichung)

- Kennzahlen:
- Durchschnittliche Konsum- und Sparquote

$$\frac{C}{Y} + \frac{S}{Y} = 1$$

- Grenzkonsum- und Grenzsparquote

$$\frac{dC}{dY} + \frac{dS}{dY} = 1$$

Zwei Annahmen über das Konsumverhalten

- **Keynes:**
  Konsumausgaben sind abhängig vom laufenden Einkommen (kurzfristig)
  = absolute Einkommenshypothese

- **Friedman:**
  Konsumausgaben sind abhängig von den zukünftigen Einkommenserwartungen
  (langfristig)
  = permanente Einkommenshypothese

3b) Nettoinvestitionen
sind entscheidend für die Wirtschaftsdynamik

o Bruttoinvestitionen

= Nettoinvestitionen
(Kapazitätserweiterung und Rationalisierung)

+ Ersatzinvestitionen
(= Abschreibungen)

3c) Nachfrage des Staates

o Determinanten:

- Versorgung mit öffentlichen Gütern und Dienstleistungen (Allokation)
- Einnahmen
- Wirtschaftspolitische Steuerungsfunktion

3d) Export
– Konjunkturabhängigkeit vom Ausland?

o Determinanten:

- Reale Austauschbedingungen zwischen Ex- und Import (terms of trade / tot)
- Wechselkurse (Preis zwischen Währungen, z.B. € und $)
- Kostenunterschiede
- Politische Handelshemmnisse

Die Verwendungsrechnung dient der Finanzpolitik.

o **Konsum**
– Steuerpolitik

o **Investitionen**
– Steuerpolitik

o **Staatsnachfrage**
– antizyklischer Einsatz zur Beeinflussung der Konjunktur

4. Das Auf und Ab der wirtschaftlichen Entwicklung

Ein Konjunkturzyklus besteht aus vier Phasen.

- Aufschwung
- Boom (oberer Wendepunkt)
- Abschwung
- Krise (unterer Wendepunkt)

Konjunktur in Zahlen

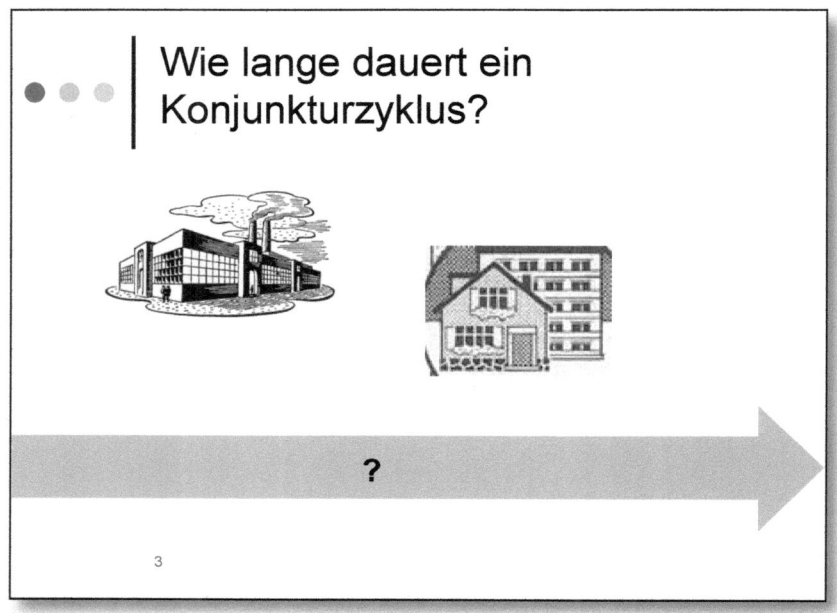

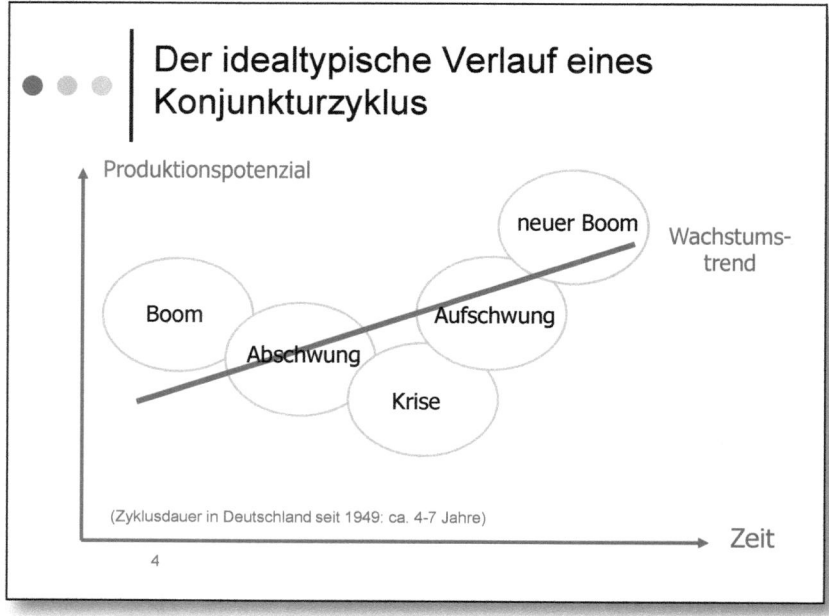

Kitchin-, Juglar- und Kontradieff-Zyklen

1. ### Joseph Kitchin (1861–1932)
   >kurze Wellen – Zyklus ca. 3 Jahre
   Den Ergebnissen des Südafrikaners Kitchin liegen statistische Erhebungen monatlicher Zeitreihen der Absatzentwicklung, der Preise, Zinssätze sowie Änderungen in der Lagerhaltung in den USA von 1860–1928 zugrunde. Analoge Schwankungen konnten auch in England festgestellt werden.

2. ### Clèment Juglar (1819–1905)
   >mittellange Wellen – Wenn wir heute von Konjunkturzyklus sprechen, ist i.d.R. der Juglar-Zyklus mit einer Dauer von ca. 7–10 Jahren gemeint. Die mittellangen Wellen bilden die eigentlichen konjunkturellen Wellenbewegungen. Die Perioden dieses Zyklus wurden von dem Franzosen Juglar in der Bewegung Preise, namentlich der Zinssätze aufgezeigt.

3. ### Nikolai Kontradieff (1892–1938)
   >lange Wellen – Zyklus ca. 50–60 Jahre
   Der russische Ökonom und Statistiker hat diese langfristigen Wellen in einer Untersuchung von 1926 festgestellt.

…Kondratieff-Zyklus

Der österreichische Ökonom Joseph A. Schumpeter (1883–1950) kam zu dem Ergebnis, dass bahnbrechende Erfindungen und deren wirtschaftliche Nutzung (Basisinnovationen) die langfristigen Zyklen auslösten.

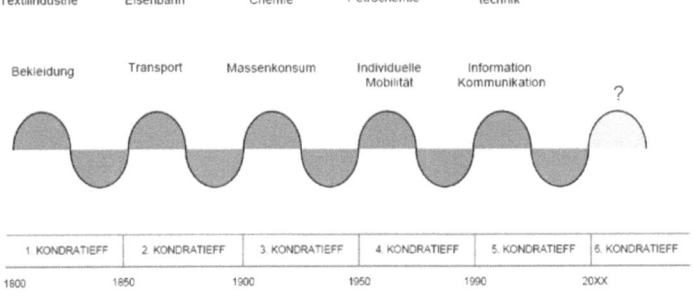

Basisinnovationen, lange Wellen und ihre wichtigsten Anwendungsfelder

...Kondratieff-Zyklus

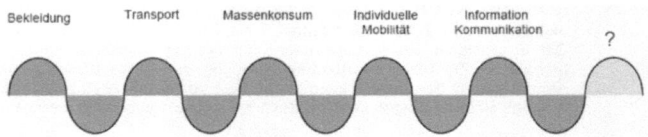

- ? der sechste „Kondratieff"
  - Biotechnologie – Bedarf nach ganzheitlicher Gesundheit
  - Regenerative Energien
  - Sicherheit: Verhindern von Terroranschläge, erhöhte Nachfrage nach Sicherheit
  - Vermeidung von psychosozialen Krankheiten...

Konjunktur und Wachstum

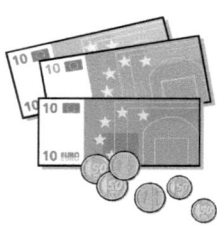

- Konjunktur = Auslastung des Produktionspotenzials (= Kapazitätsauslastung)

- Wachstum = langfristige Entwicklung des Produktionspotenzials

Wachstum und Konjunktur

Wachstum	Konjunktur
Indikator: Produktionspotenzial	Indikator: BIP
= mögliche Kapazität	= Auslastung dieser Kapazität

→längerfristiger Trend	→kurzfristige Schwankungen

Kann man die Konjunktur vorhersagen?

- „Eine Wetterprognose ist besser als keine."

- Eine exakte Prognose über das zukünftige Wirtschaftsverhalten der Entscheidungsträger ist nicht möglich.

- Es gibt viele exogene Einflüsse:
  Umweltkatastrophen, Kriege, Ölkrisen usw.

- Es gibt aber Indikatoren, die der kurzfristigen Konjunkturvorhersage dienen können:
  Auftragsbestände,
  Geschäftsklimaindex (ifo = Institut für Wirtschaftsforschung, München),
  Konsumklimaindex (GfK = Gesellschaft für Konsumforschung, Nürnberg)

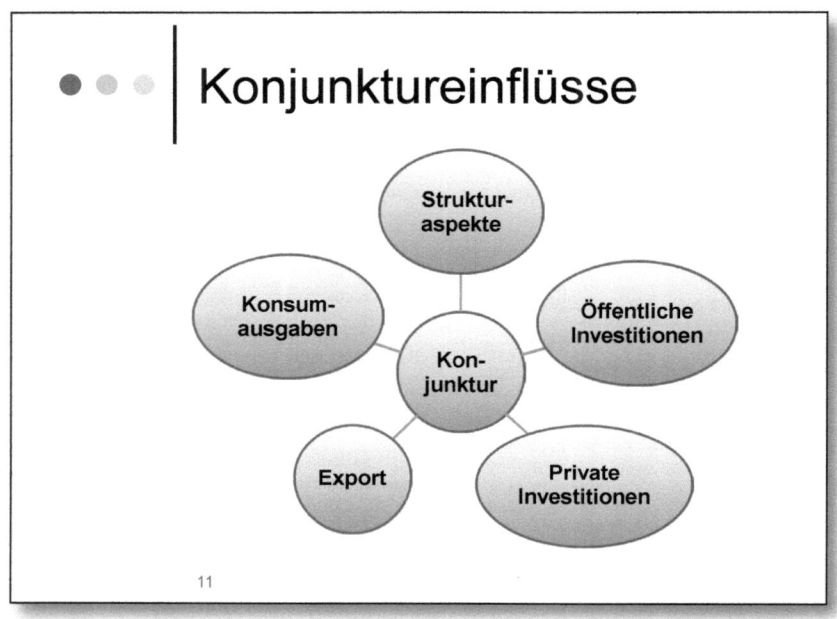

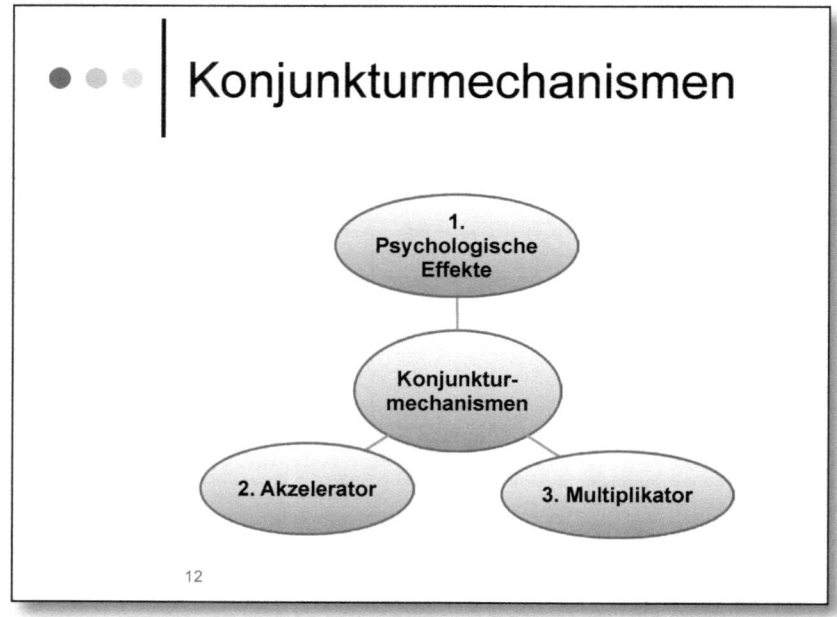

Konjunktur in Zahlen

1. Psychologische Effekte

- Die Zukunftserwartungen von Unternehmungen, Verbrauchern und öffentlichen Entscheidungsträgern beeinflussen die Konjunktur.
- Es gibt optimistische und pessimistische Einstellungen, die das Verhalten bei wirtschaftlichen Entscheidungen bestimmen.
- Messung durch: Geschäfts (ifo) – und Konsumklimaindex (GfK)

2. Akzelerator
(= Beschleuniger)

- Eine steigende Nachfrage nach Konsumgütern führt zu einer beschleunigten (akzelerierten) Nachfrage nach Investitionsgütern.
- Aber nur dann, wenn die Nachfragesteigerung als langfristig angesehen wird und die Kapazitätsgrenze annähernd erreicht ist.

3. Multiplikatorwirkung
(Keynes)

o Eine Erhöhung der Nachfrage (Konsumausgaben, Investitionen, Exporte oder staatlichen Nachfrage/ „Konjunkturprogramm") führt zu einer insgesamt höheren (multiplikativen) Wirkung der gesamtwirtschaftlichen Entwicklung (Wachstum des Bruttoinlandsprodukts).

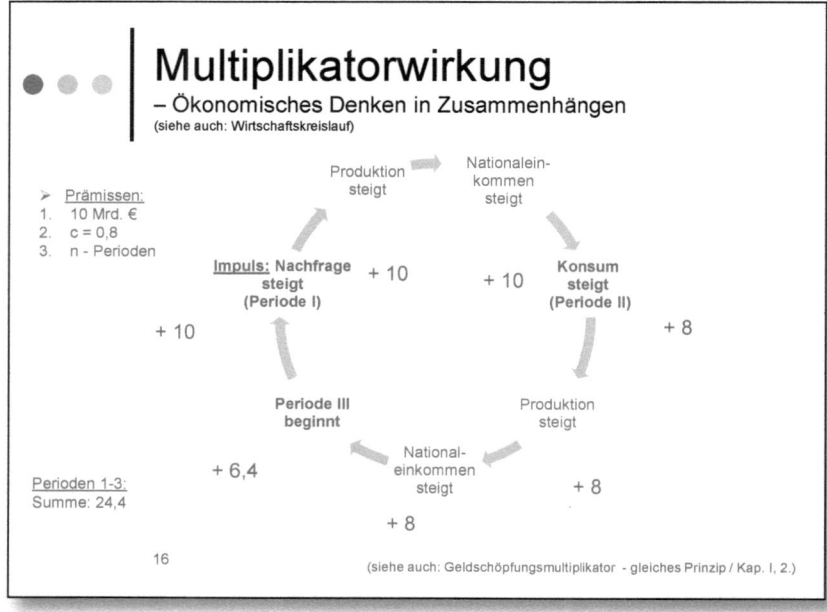

Gesamtwirkung des Multiplikators

- Prämisse: Erhöhung der staatlichen Nachfrage (d G)
1. $Y = C + I + G + (Ex - Im)$
   wobei: Y = BIP, C = Konsum, I = private Investition, G = staatliche Nachfrage, Ex = Export, Im = Import; d.h.: BIP = gesamtwirtschaftliche Nachfrage
2. $C = b\,Y$
   wobei: b = Konsumneigung/Grenzkonsumquote
3. Gleichung (2) in (1)
4. $dY = b\,dY + d\,G$ – ceteris paribus, d.h.: C, I, Ex, Im unverändert
   wobei: d = Veränderung
5. $dY\,(1 - b) = d\,G$
6. $dY = (1 : s)\,d\,G$
   wobei: s = Sparneigung/Grenzsparquote

- Beispiel: d G = 10 Mrd. €, b = 0,8 (80%) oder s = 0,2 ergibt – ceteris paribus – eine ökonomische Gesamtwirkung auf das BIP in Höhe von 50 Mrd. €, der Multiplikator ist 5.

Effizienz des Multiplikators

Die Multiplikatorwirkung hängt ab:

- von der Spar- bzw. Konsumneigung der Verbraucher,
- der Investitionsbereitschaft der Unternehmungen und
- den ökonomischen „Abflüssen" ins Ausland (weltwirtschaftliche Zusammenhänge).

5. Kennzahlen zur Beurteilung der wirtschaftlichen Entwicklung

---

Weshalb braucht man volkswirtschaftliche Kennzahlen?

- In Deutschland sind die gesamtwirtschaftlichen Ziele im „Gesetz zur Förderung der Stabilität und des Wachstums der Wirtschaft" (StabG) von 1967 festgelegt.

- Mit den Kennzahlen wird der jeweilige Zielerreichungsgrad gemessen.

Konjunktur in Zahlen 57

Stabilitäts- und Wachstumsgesetz von 1967

o Wirtschaftspolitische Ziele:
  1. Angemessenes und stetiges Wachstum
  2. Preisniveaustabilität
  3. Hoher Beschäftigungsstand
  4. Außenwirtschaftliches Gleichgewicht

- „Magisches Viereck":
  Sind die vier Ziele in der Realität gleichzeitig erreichbar?

Ziel: Wirtschaftswachstum

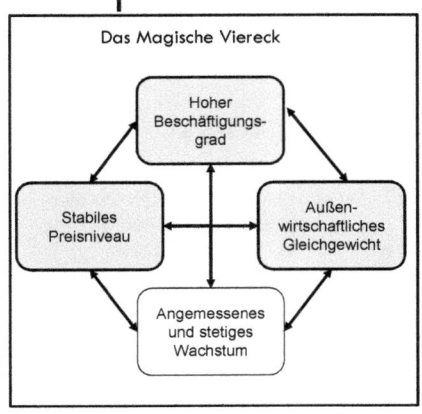
Das Magische Viereck

Kennzahl:

o Wachstum:
  Zunahme des realen Bruttoinlandprodukts (BIP).
  Wohlstandssteigerung = Erhöhung des Bruttonationaleinkommens pro Kopf

o angemessenes Wachstum = allgemeine Erhöhung des Wohlstandes eines Landes

o stetiges Wachstum = Vermeidung von starken Ausschlägen in der Entwicklung

Ziel: hoher Beschäftigungsstand

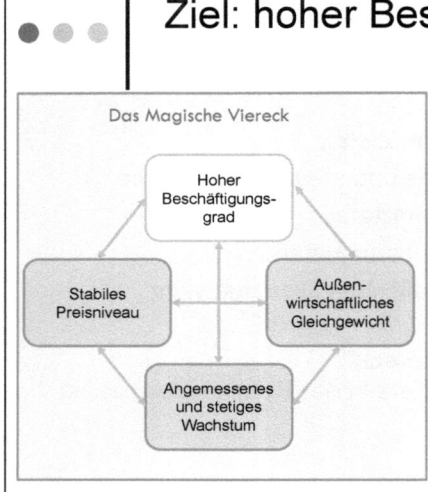

Kennzahl:

o Arbeitslosenquote

- Zahl der Arbeitslosen
  :
  Zahl der Erwerbstätigen
  *
  100

Ziel: Preisniveaustabilität

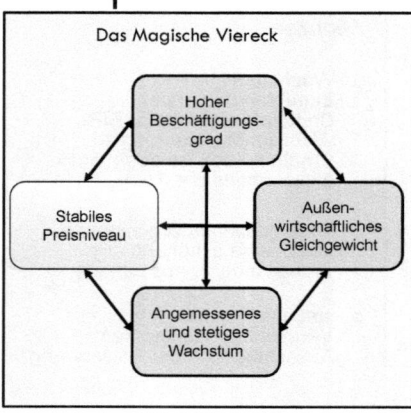

Kennzahl:

o Inflationsrate

- Warenkorb mit den üblicherweise konsumierten Gütern und Dienstleistungen
- Vergleich des Preisniveaus des Warenkorbs mit dem des Vorjahres
- positives Vorzeichen = Inflation
- negatives Vorzeichen = Deflation

Ziel: Außenwirtschaftliches Gleichgewicht

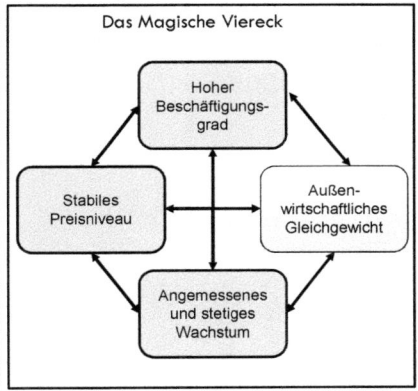

Das Magische Viereck

Kennzahlen:

- Export = Import
- Außenbeitrag
  = Exporte minus Importe von Waren und Dienstleistungen
- Außenbeitrag im Verhältnis zum BIP
- Terms of Trade (tot)
  = Preisindex der Exporte : Preisindex der Importe

Zahlungsbilanz

- Begriff:
  Erfassung aller ökonomischen Transaktionen für ein Jahr, Vierteljahr oder Monat zwischen In- und Ausland

- Die Erstellung der Zahlungsbilanz erfolgt nach den Grundsätzen der Doppik.

- Beispiel:
  Buchung 1: Export von Gütern
  Buchung 2: Einnahmen aus diesem Export

Welche Transaktionen werden in der Zahlungsbilanz erfasst?

Güter
Dienstleistungen
Geld

Inland Ausland

Gliederung der Zahlungsbilanz

○ Leistungsbilanz
(fünf Teilbilanzen)
  1. Handelsbilanz (**Güter**)
  2. **Dienstleistungs**bilanz
     (Reiseverkehr)
  3. Erwerbs- und
     Vermögenseinkommen
     (Zinszahlungen)
  4. Laufende Übertragungen
     (Beiträge an die EU)
  5. Einmalige Vermögens-
     übertragungen
     (Erbschaften)

○ **Kapital**bilanz
  1. Direktinvestitionen
  2. Wertpapieranlagen
  3. Grenzüberschreitende
     Transaktionen mit Derivaten
  4. Kredite

○ Veränderung der
  Währungsreserven der
  Bundesbank

○ Nicht aufgliederbare
  Positionen

Konjunktur in Zahlen 61

Leistungsbilanz

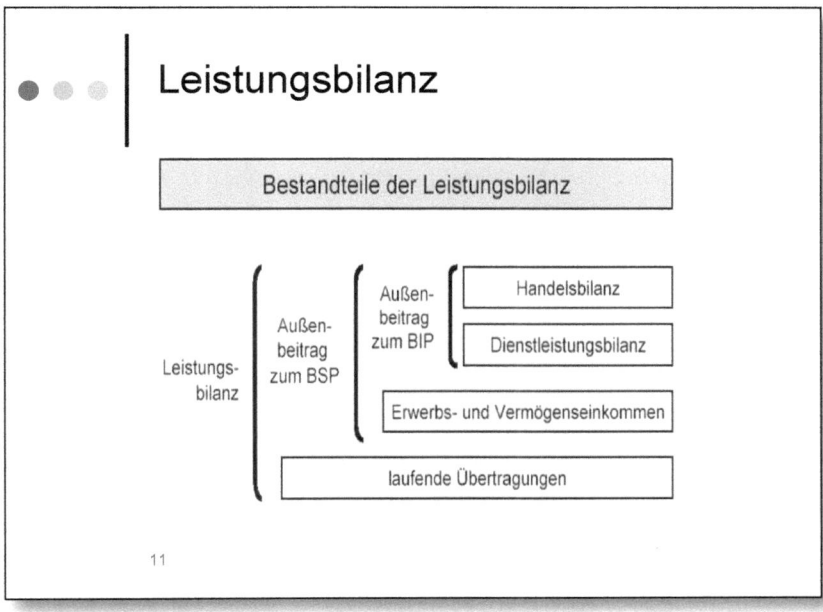

Finanzwirtschaftliche Kennzahlen
(Staatsquoten = Positionen der öffentlichen Haushalte i. V. z. BIP)

o **Haushaltseinnahmen**

- Einnahmenquote
  - Abgabenquote
  - Steuerquote

o Kreditaufnahme
  (= Verschuldung)

- Verschuldungsquote:
  Verschuldung pro
  Jahr und insgesamt

o **Haushaltsausgaben**

- Ausgabenquote
  (= „**Staatsquote**")

- Nachfragequote
  (Ausgaben für den
  Staatsbedarf)
- Sozialleistungsquote
- Investitionsquote
- Zinsquote

Kapitel III: Soziale Marktwirtschaft

6. Soziale Marktwirtschaft – Verbindung von Wirtschaft und Ethik

Adam Smith – Moralphilosoph und Ökonom

- Adam Smith (1723–1790) gilt als Begründer der klassischen Nationalökonomie (später Volkswirtschaftslehre) und Vater der Marktwirtschaft.
- In seinem berühmten Werk „An inquiry into the nature and causes of the wealth of nations" (1776) – in deutscher Sprache erschienen unter „Der Wohlstand der Nationen", übersetzt von H.C. Recktenwald, München 1988 – bezeichnet Smith den Markt als „invisibel hand".
  (Horst Claus Recktenwald, deutscher Ökonom, 1920–1990)
- Weiteres Zitat: „Große Nationen verarmen nie durch private Verschwendung und Fehlverhalten, wohl aber durch solche der öffentlichen Hand."
- Für Adam Smith lässt sich die Marktwirtschaft moralisch rechtfertigen.

Der Markt als „unsichtbare Hand"
(A. Smith: the „invisible hand")
– Kritische Betrachtung: Realitätsnähe – heute?

- Standarddiagramm der Marktwirtschaft

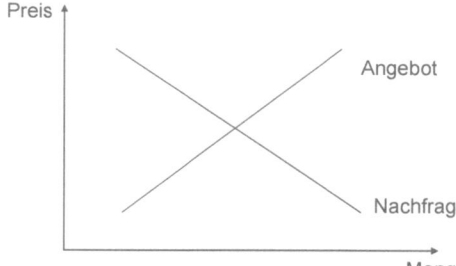

Ludwig Erhard – Vater des Wirtschaftswunders

- In Deutschland besteht ein politischer Konsens, dass die Marktwirtschaft eine „Soziale Marktwirtschaft" sein soll.
- Dieser „Markenname" geht auf den Wirtschaftswissenschaftler Alfred Müller-Armack (1901–1978) und den langjährigen deutschen Wirtschaftsminister und späteren Bundeskanzler Ludwig Erhard (1897–1977) zurück.
- Hauptwerk von Ludwig Erhard: Wohlstand für alle, 1957, Neuausgabe: München 1997
- Ludwig Erhard zur Staatsverschuldung: „Die Politik der bewussten Überschuldung ist eine hochexplosive Politik. Und einmal wird der Tag kommen, da der deutsche Bürger wird erfahren müssen, dass er die Schulden zu bezahlen habe."
  (Quelle: Handelsblatt Nr. 190 vom 02.10.2011, S. 11)

Soziale Marktwirtschaft

- Ludwig Erhard:
  „Der tiefe Sinn der Sozialen Marktwirtschaft liegt darin, das Prinzip der Freiheit auf dem Markt mit dem des sozialen Ausgleichs und der sittlichen Verantwortung jedes Einzelnen dem Ganzen gegenüber zu verbinden."

- Ludwig Erhard war aber strikt gegen einen Versorgungsstaat: „Wir leiden nicht an zuwenig Staat, wir leiden an zuviel Staat."

Schwächen der Freien Marktwirtschaft

Wurzeln der Sozialen Marktwirtschaft – Der Ordoliberalismus

- Die Idee des Ordoliberalismus tauchte erstmals in dem 1937 von der Freiburger Schule (u.a. Walter Eucken – 1891–1950) herausgebrachten Heft *Ordnung der Wirtschaft* auf. Diese Idee wurde dann 1939 auf einer Konferenz in Genf dargelegt. Die deutschen Wirtschaftswissenschaftler Wilhelm Röpke (1899–1966), Alfred Müller-Armack sowie der österreichische Ökonom Friedrich von Hayek (1899–1992) gaben dieser Idee weitere Anregungen.
- Zentral ist die Unterscheidung zwischen der Gestaltung der Rahmenordnung und dem Wirtschaftsprozess. Der Ordoliberalismus sieht in einer politischen Rahmenordnung, dem Ordo, die Grundlage für funktionierenden Wettbewerb, aus dem sich der Staat dann im Weiteren größtenteils heraushalten kann und soll.
- Müller-Armack: „Die Wirtschaft ist Dienerin der Menschlichkeit."

Soziale Marktwirtschaft

Historische Entwicklung der Sozialen Marktwirtschaft

Exkurs: Wirtschaftsethik

- Wirtschaftsethik ist die Reflexion über moralische Aspekte des wirtschaftlichen Handelns. Die Problemfelder der Wirtschaftsethik erstrecken sich von der moralischen Dimension individuellen Handelns bis hin zu grundsätzlichen gesellschaftlichen Wert- und Zielvorstellungen, die in das wirtschaftliche Handeln generell eingebunden sein müssen.
- Max Weber hat in seinem berühmten Werk „Die protestantische Ethik und der Geist des Kapitalismus"(1905) die Diskussion über die Verbindung zwischen Kapitalismus und Ethik (Kapital und Arbeit) in Gang gesetzt.
- Heute, wo die Kulturen miteinander im Streit liegen und die verfehlte Modernisierung und Demokratisierung z.B. der moslemischen Welt kritisiert wird, eine Globalisierung der Wirtschaft stattfindet und die Konzerne dem shareholder value nachjagen, gewinnt das Thema – Wie verbinden wir Ökonomie mit Moral, Kultur und Religion zu einem erträglichen System? – an Bedeutung.
- Zu viele sog. reine Ökonomen halten Moral, Kultur und Religion immer noch für eine zu vernachlässigende Restgröße, zu der vielleicht Sozialwissenschaftler Zuflucht nehmen, wenn ihnen nichts besseres einfällt.

7. So funktioniert die Marktwirtschaft

Element 1: Nachfrage
Element 2: Angebot
Element 3: Preisbildung
  (1) Polypol
  (2) Monopol
  (3) Oligopol

Element 1: Nachfrage

o Bestimmungsgründe der Nachfrage

1. **Abhängigkeit der Nachfrage vom Preis**
   >Nachfragefunktion: $N = f(P)$
   (N = Nachfrage, P = Preis, f = Abhängigkeit der beiden Größen)

2. **Abhängigkeit der Konsumausgaben vom Einkommen**
   > Konsumfunktion: $C = f(Y)$
   (C = Konsumausgaben, Y = Einkommen)

3. **Elastizitäten:**
   Wie reagiert die Nachfrage auf Preisänderungen?

Soziale Marktwirtschaft

Wie verhält sich der Käufer?

○ Ökonomische Aspekte:

- Preis („Gesetz der Nachfrage")
- Einkommen, Vermögen
- Preise verwandter Güter
  (komplementäre Güter)
usw.

○ Nicht-ökonomische Aspekte:

- Sozialpsychologische Faktoren
  (Status, Prestige, Wertewandel)
- Persönliche Präferenzen
  (z.B. eine hübsche Verkäuferin)
usw.

Nachfragefunktion I

○ Abhängigkeit der Nachfrage vom Preis

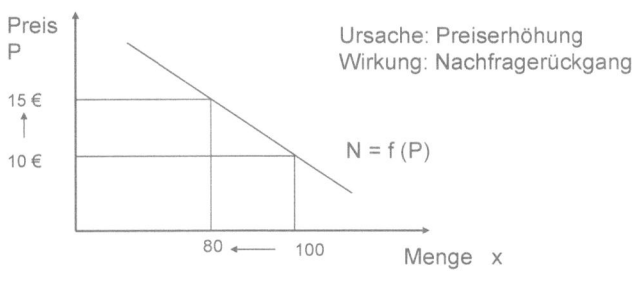

Ursache: Preiserhöhung
Wirkung: Nachfragerückgang

$N = f(P)$

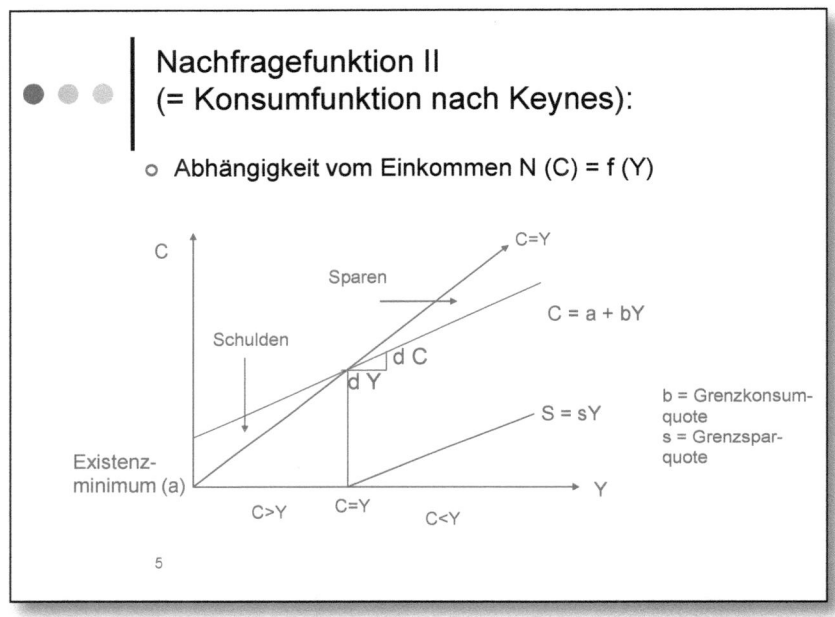

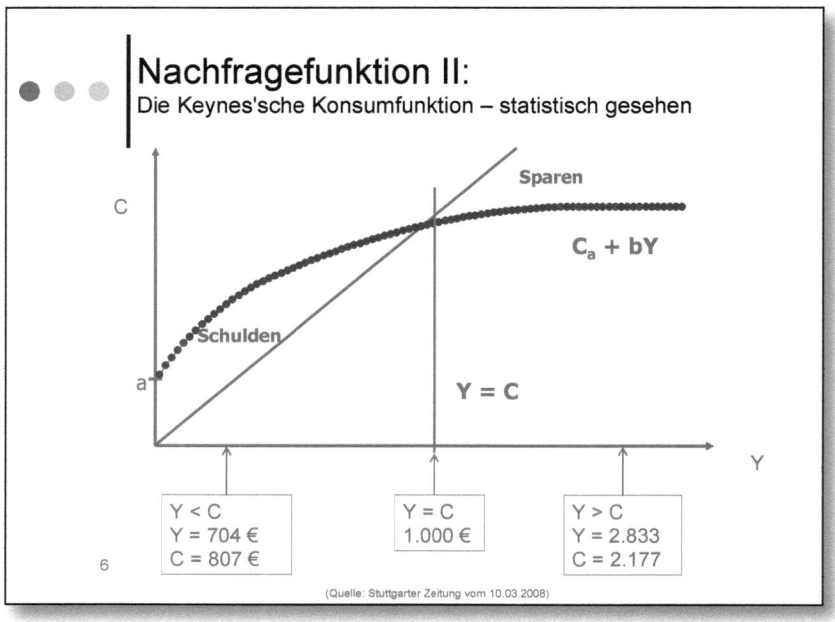

Kennzahlen der Konsumfunktion

- Annahmen:
  - Einkommen = 4.000,00 €
  - davon Konsumausgaben = 3.000,00 €
  - und Sparen = 1.000,00 €

- Konsumquote = 0,75 oder 75%
- Sparquote = 0,25 oder 25%
- Einkommenserhöhung = 100,00 € monatlich
- Zusätzliche Konsumausgaben = 80,00 €
- Zusätzliches Sparen = 20,00€
- Grenzkonsumquote (b) = 0,8 oder 80%
- Grenzsparquote (s) = 0,2 oder 20%

Kennzahlen des Kundenverhaltens (Nachfrageelastizitäten)

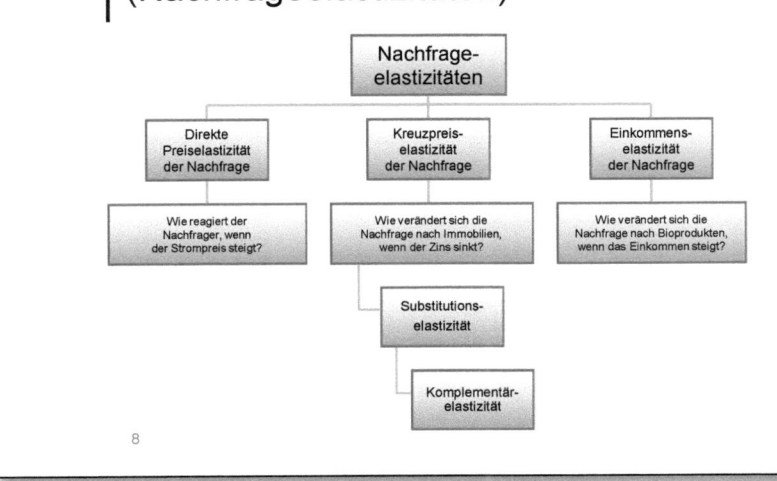

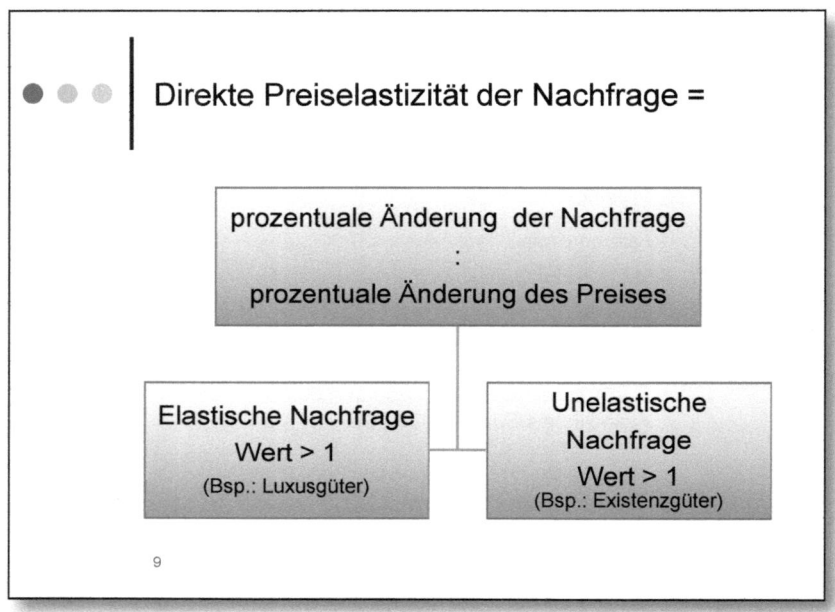

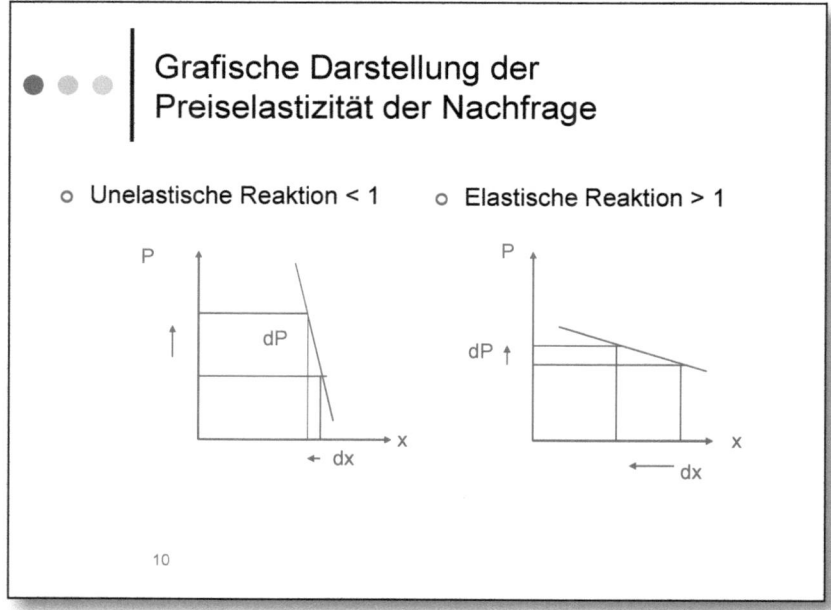

Soziale Marktwirtschaft

Element 2: Angebot

- Bestimmungsgründe des Angebots
- Abhängigkeit der Angebotsmenge vom Preis
  > Angebotsfunktion A = f (P)
  (A = Angebot)
- Beachtung der Kapazitätsgrenzen

Wie verhält sich der Anbieter?

- Ökonomische Aspekte:

  - Gewinn
  - Versorgung
  - Preis
    („Gesetz des Angebots")
  - Input-Preise
  - Technologie
  usw.

- Nicht-ökonomische Aspekte:

  - Sozialpsychologische Faktoren
  - Umweltstandards
    (z.B.: Öko-Audit in der EU)
    usw.

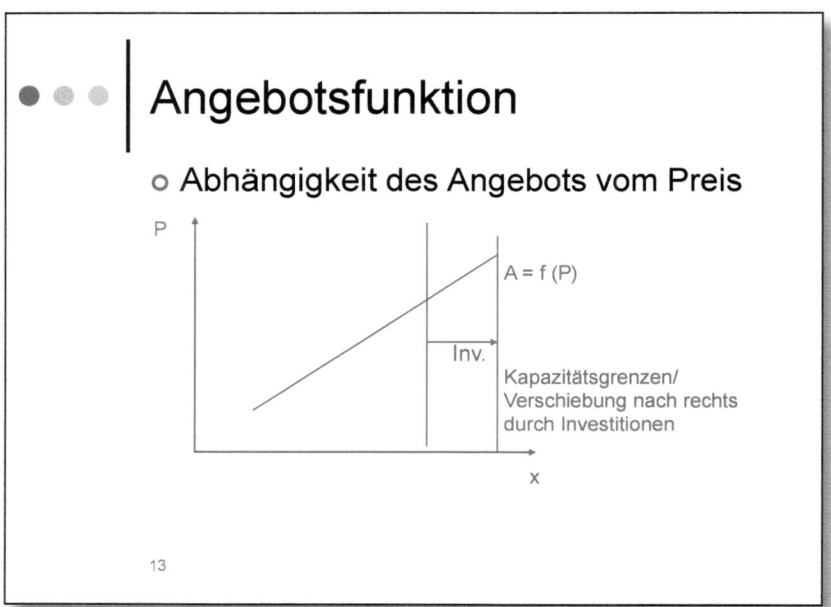

Element 3: Preisbildung

- Der Markt ist das Nervenzentrum der Wirtschaft.

- Marktgleichgewicht
- Marktungleichgewichte

- Welche Aufgaben erfüllen Preise in funktionierenden Märkten?
  Beispiele:
  steigende Preise – fallende Preise

Aufgaben des Preises in der Marktwirtschaft

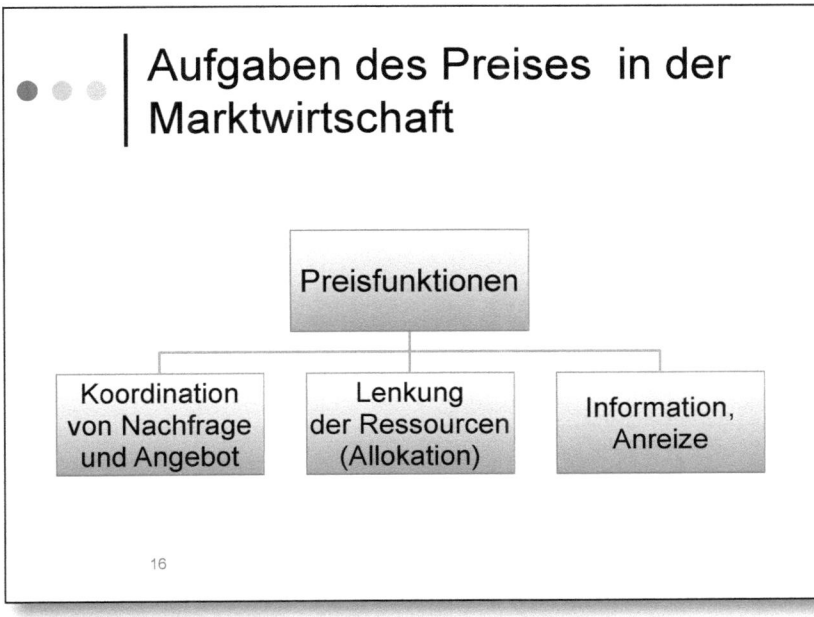

Preisbildung auf unterschiedlichen Märkten

- Vorbemerkung: Die zentrale Bedeutung dieser Frage für das Wirtschaftsleben lässt sich schon an der Bezeichnung der Wirtschaftsordnung „Soziale Marktwirtschaft" erkennen.

- Märkte werden nach dem Kriterium „Einfluss auf die Preisbildung" unterschieden:

  1. Polypol
  2. Monopol
  3. Oligopol

Marktformen

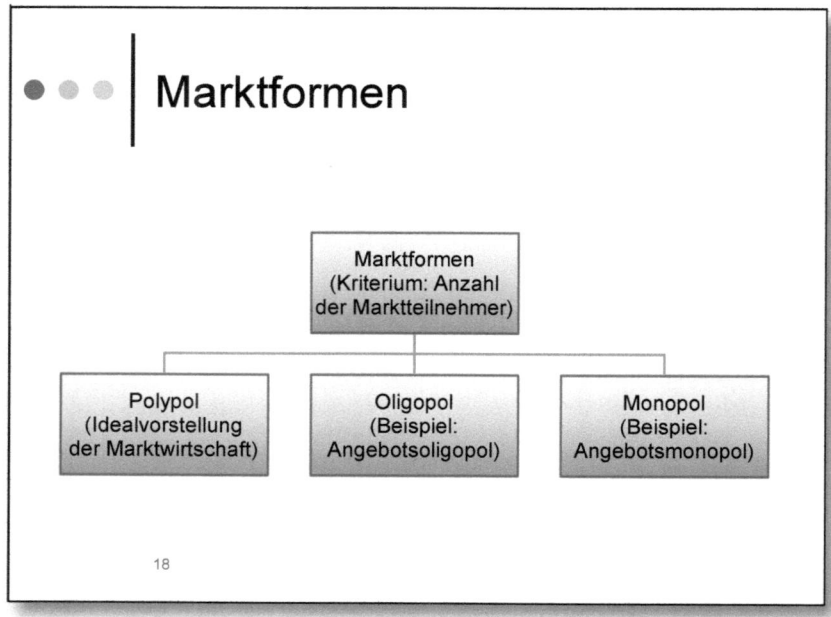

1. Polypol

- Der Markt besteht aus einer Vielzahl von Anbietern und Nachfragern mit einem verschwindend kleinen Marktanteil, d.h. es gibt keine wirtschaftliche Macht (= Einflussnahme auf das Marktgeschehen, d.h. Mengen und Preise).
- Bsp.: Einzelhandel, Börse, Weltmärkte, Internet ...
- Die Anbieter streben nach Gewinn-, die Nachfrager nach Wohlstandsmaximum.

Polypol

- Beim vollständigen Polypol (Konkurrenz) existiert ein vollkommener Markt.

Eigenschaften eines vollkommenen Markts (Modell):
1. homogenes Gut
   (gleichartiges Gut)
2. vollkommene Transparenz
   (vollkommene Marktübersicht)
3. keine Präferenzen
   (z.B. eine hübsche Verkäuferin)
4. hohe Reaktionsgeschwindigkeit der Marktteilnehmer
   (z.B. Auktion, Internet ...)

Marktwirtschaft im Idealfall des Polypols

o Gleichgewicht und Ungleichgewichte

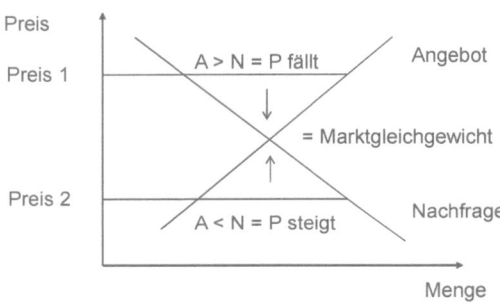

---

2. Monopol
Beispiel: Angebotsmonopol – Kennzeichen

- o ein Anbieter – viele Nachfrager
- o Beispiel: kommunale und staatliche Angebote
- o Mengen- und Preisfixierung

- o Ziele eines privaten Monopols:
  - Machtposition auf den nationalen und internationalen Märkten
  - Gewinn, Gewinnmaximierung
- o Ziele eines öffentlichen Monopols:
  - Versorgung (Allokation)
  - Defizitgrenze
  - Kostendeckung
  - Gewinn

Ermittlung des Gewinnmaximums

- Antoine Augustin Cournot (1801–1877) – ein französischer Wirtschaftswissenschaftler – hat die gewinngünstigste Situation für einen Monopolisten ermittelt.
- Diese Situation ist dann gegeben, wenn die Grenzkosten (K`) gleich dem Grenzumsatz (U`) sind (= Cournot`scher Punkt).
- Grenzkosten = K`, Grenzumsatz = U`, Grenzgewinn = G`
- 1. K` < U` = Gewinn nimmt zu (G` = positiv)
  2. K` = U` = Gewinnmaximum (G` = 0)
  3. K` > U` = Gewinn nimmt ab (G` = negativ)

- Gewinnmaximum nach der Differenzialrechnung:
  (1) G = U – K
  (2) G´= U´- K`   > Bedingung für Gewinnmaximum G`=0
  (3) 0 = U`- K´
  (4) U`= K´

Preisbildung im Angebotsmonopol
– Nachfragekurve = Preis-Absatz-Funktion

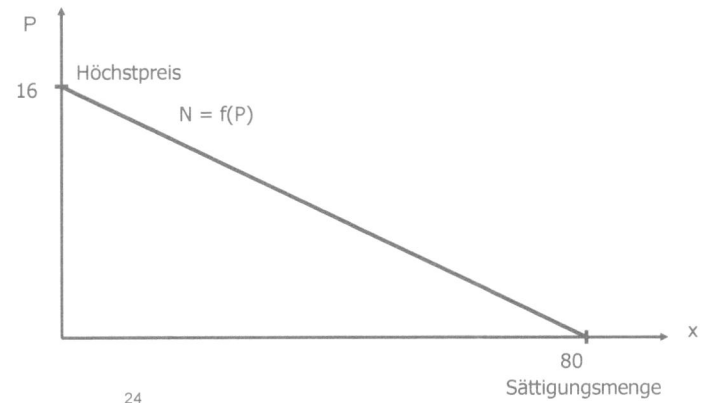

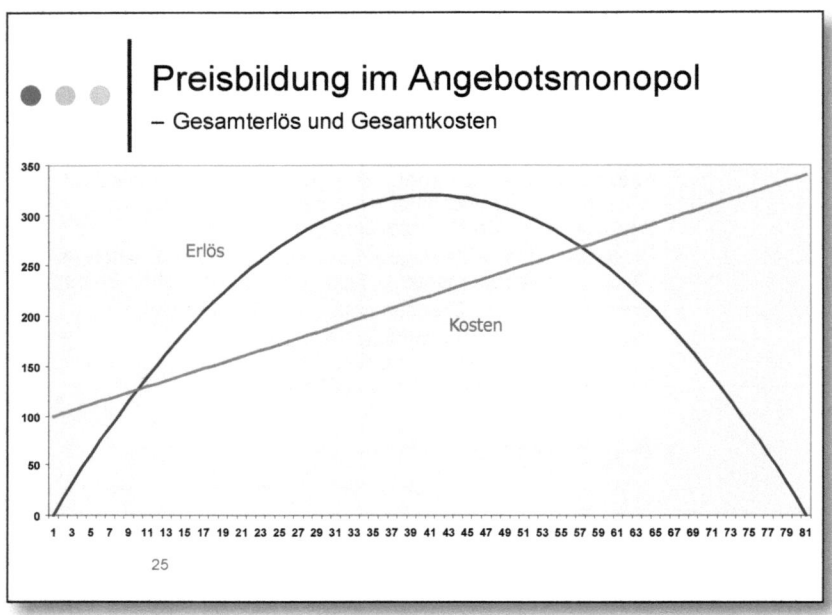

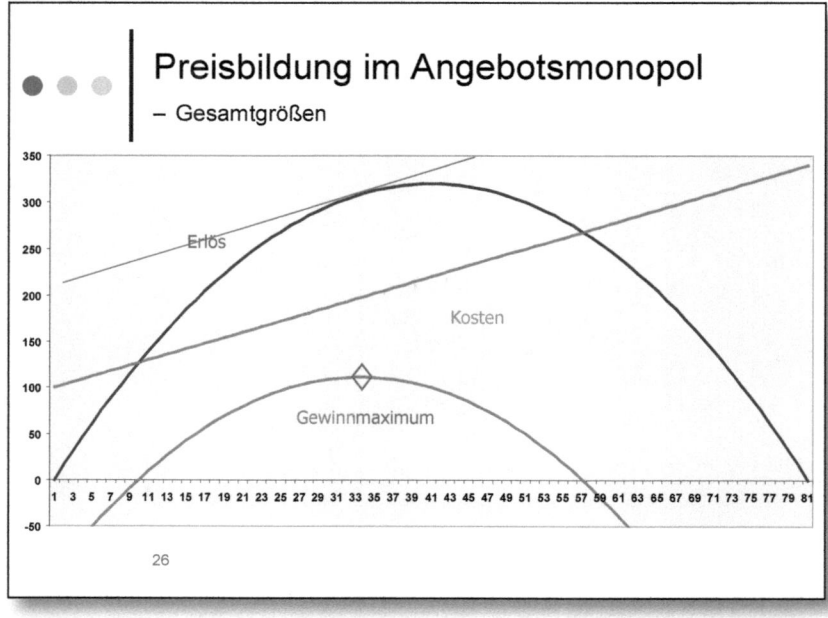

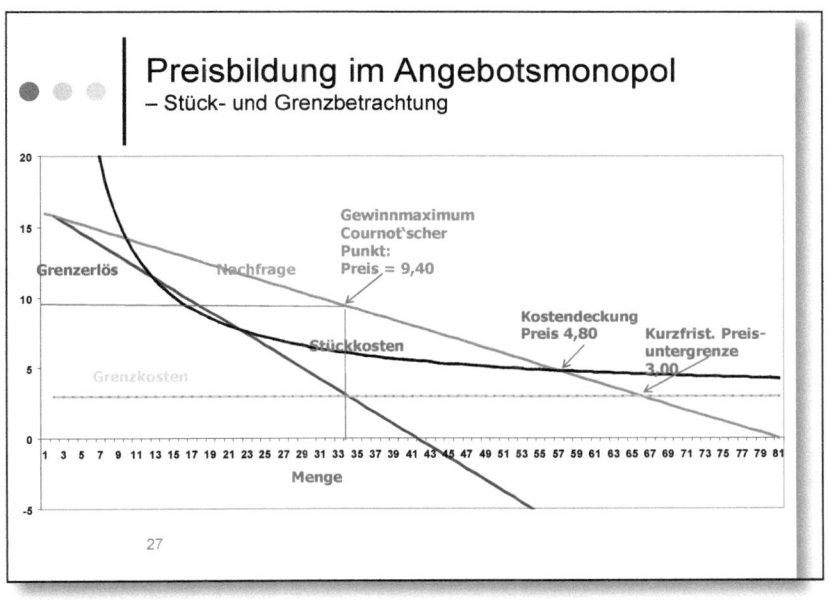

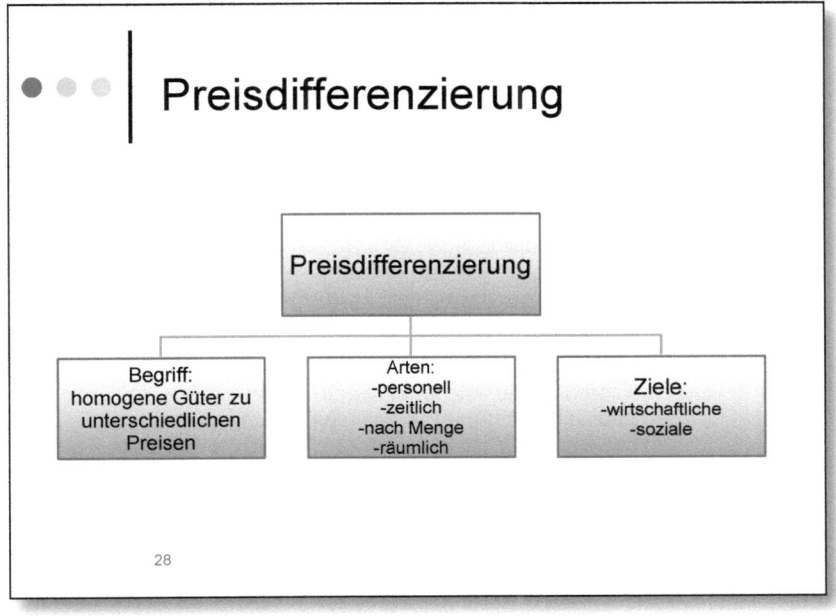

3. Oligopol
– Beispiel: Angebotsoligopol

- Angebotsseite:
  Einige, wenige große Anbieter
  Nachfrageseite:
  viele Nachfrager
- Das Angebotsoligopol ist die vorherrschende Marktform in der privaten Wirtschaft.
- Die Größe eines Oligopolisten bestimmt das Marktergebnis.
- Angebotsoligopolmärkte können sowohl Monopolisierungs- als auch Konkurrenztendenzen aufweisen.

Oligopol

- In einem jungen Oligopol herrscht in der Regel ein scharfer Preiskampf (Strategien: Verdrängung, feindliche Übernahme usw.)
- In einem alten Oligopol gibt es aus folgendem Grund oft „stabile Preise":
  Preissenkungen bringen nur geringe Absatzsteigerungen, weil die Konkurrenten mitziehen werden.
- Preiserhöhungen können zu empfindlichen Absatzeinbußen führen, wenn die Konkurrenten nicht mitziehen.
- Gibt es in einem alten Oligopol eine Preisführerschaft, so sind regelmäßige Preiserhöhungen möglich.

Soziale Marktwirtschaft

Grafische Darstellung:
– Marktreaktion bei nicht abgestimmter Preispolitik eines Angebotsoligopolisten (Bsp.: Benzinmarkt)

o Reaktion bei Preiserhöhung und -senkung

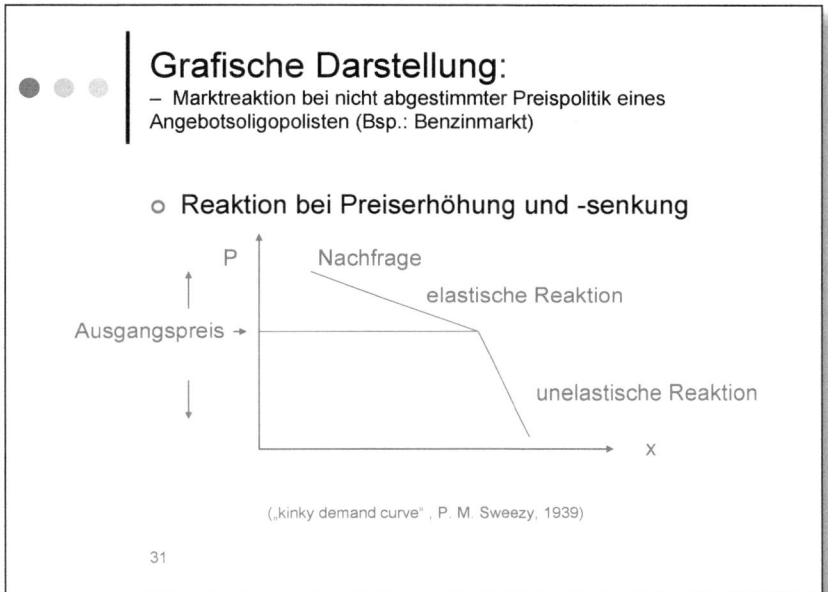

(„kinky demand curve", P. M. Sweezy, 1939)

Marktregulierung durch den Staat

o Höchst- und Mindestpreise

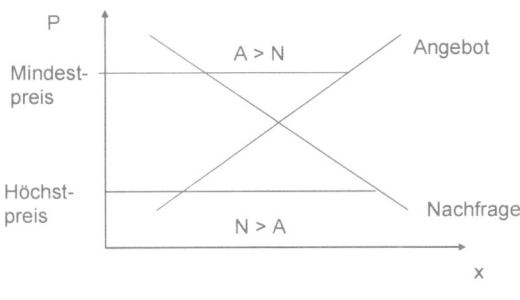

Folgen staatlicher Marktregulierung

○ Mindestpreis

- liegt über dem Marktpreis
  (Gleichgewichtspreis)
  >> A > N
- Folgen:
  Aufkauf der Überschüsse,
  Lagerung,
  subventionierter Verkauf,
  Prämien für
  Nichtproduktion

○ Höchstpreis

- liegt unter dem Marktpreis
  (Gleichgewichtspreis)
  >> A < N
- Folgen:
  Problem der Zuteilung
  knapper Mengen,
  Notwendigkeit
  entsprechender Verwaltung
  durch den Staat

Veränderung des Angebots bei staatlichen Markteingriffen:
a) Subvention   b) Schadstoffabgabe

○ dargestellt mit Hilfe des preistheoretischen Instrumentariums

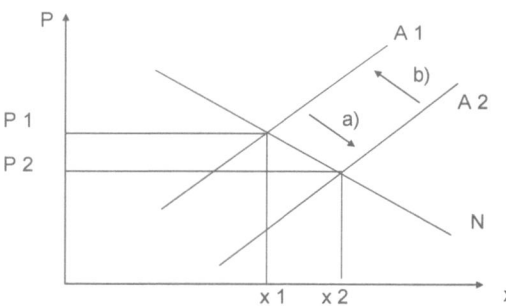

Soziale Marktwirtschaft 85

8. Gefahren für den Wettbewerb

Funktionen des Wettbewerbs

- Optimale Allokation der Ressourcen
- freier Marktzugang
- Kosten- und Preiseffizienz (geringstmögliche Kosten und Preise)
- Innovationen
- Ausschluss von Marktbeschränkungen usw.

Ursachen der Konzentrationsentwicklung

- Globalisierung der Märkte
- Synergieeffekte durch strategische Allianzen
- Größenvorteile – Kostensenkungen
- Verbesserung der Marktposition
- Diversifikation
- Erschwerung des Marktzugangs
- usw.

Konzentrationsformen

- Konsortium...
  ...dient der Abwicklung einer genau definierten Aufgabe, i.d.R. in der Rechtsform der Gesellschaft des bürgerlichen Rechts (z.B. ein Bankenkonsortium). Die rechtliche und wirtschaftliche Selbstständigkeit bleibt erhalten.
- Kartelle...
  ...sind Unternehmensverbindungen, bei denen z.T. die wirtschaftliche Selbstständigkeit durch vertragliche Absprachen verloren geht; die rechtliche Selbstständigkeit bleibt nach außen hin erhalten.
- Beim Konzern...
  ...bleibt die rechtliche Selbstständigkeit der abhängigen Unternehmen erhalten, jedoch verlieren sie ihre wirtschaftliche Unabhängigkeit.
- Fusion
  Die rechtliche und wirtschaftliche Selbstständigkeit wird aufgegeben (Verschmelzung – engl.: merger).

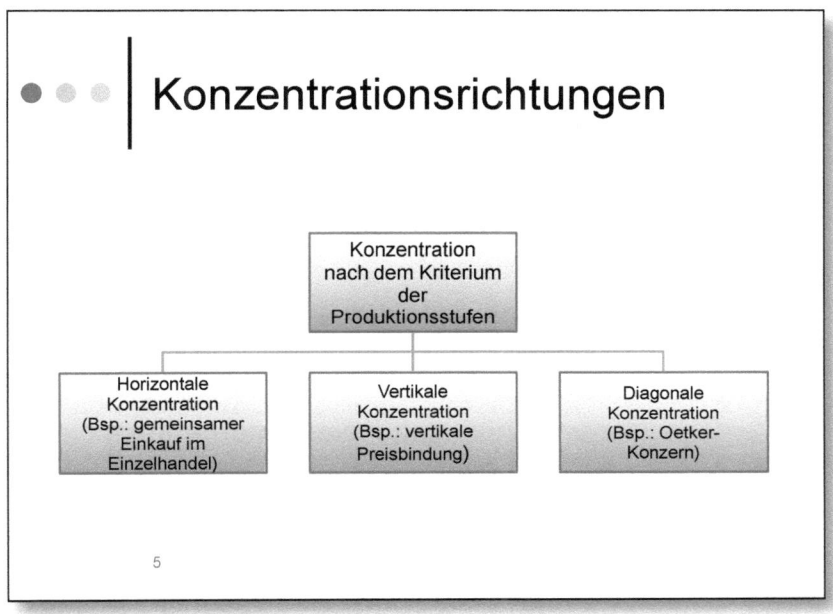

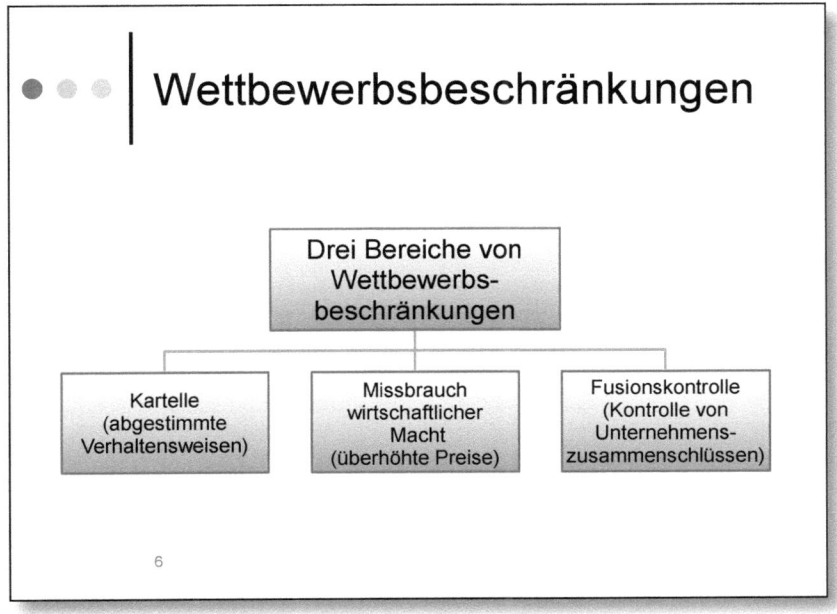

Schwächen des Wettbewerbsrechts
dargestellt am Beispiel des Gesetzes gegen Wettbewerbsbeschränkungen (GWB) von 1957 ff.

- Beweispflicht

- Fusionserlaubnis durch den Bundeswirtschaftsminister

- Kontrolle multinationaler Unternehmen

Kapitel IV: Politische Beeinflussung der Volkswirtschaft

9. Strategien der Wirtschaftspolitik

Wirtschaftspolitik
– Begriff

- Wirtschaftsgeschehen = Ursache-Wirkungs-zusammenhänge
- Begriff Wirtschaftspolitik: ökonomische Größen – Steuerung – Zielerreichung
- VGR (ESVG – SNA) = Informationssystem für die wirtschaftspolitischen Entscheidungsträger
- Die VGR ermöglicht ein gesamtwirtschaftliches „Controlling".

Wirtschaftspolitik
– Rahmenbedingungen

- „Einengung" des Handlungsspielraums der Wirtschaftspolitik durch...
  1. Marktsysteme
     (national/international)
  2. Demokratie
     (Entscheidungsprozesse, Föderalismus)
  3. Bürokratie
     (öffentliche Verwaltung)
  4. Verhandlungssysteme
     (Tarifverhandlungen)

Wirtschaftspolitik
– Bereiche

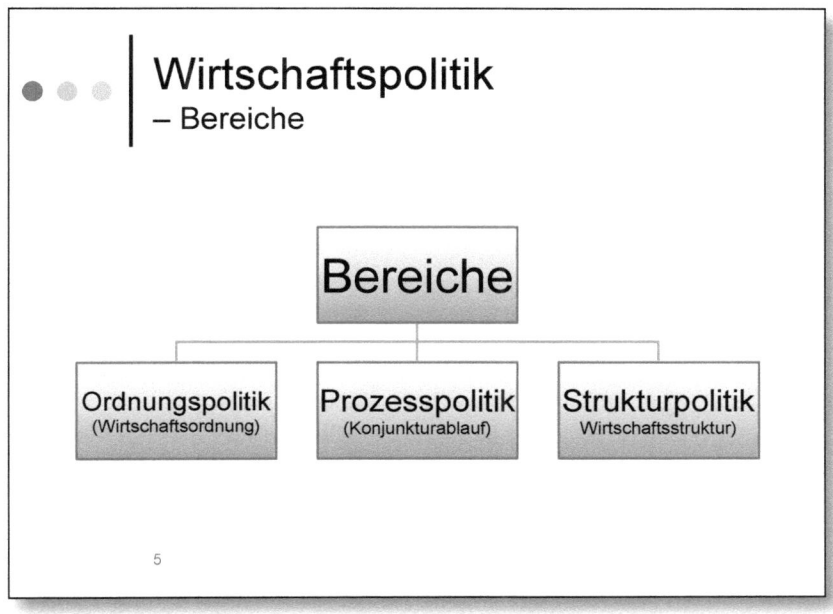

Wirtschaftspolitik
– Zielsystem

- Gesellschaftliche Ziele:
  Freiheit, Gerechtigkeit, Sicherheit
- Wirtschaftliches Hauptziel:
  maximaler Wohlstand
- einzelne wirtschaftliche Nebenziele:
  § 1 Stabilitäts- und Wachstumsgesetz (StabG)

Wirtschaftspolitik
– Zielsystem nach StabG § 1

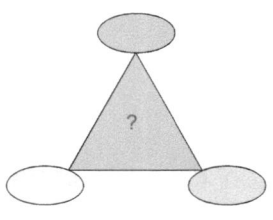

- Preisniveaustabilität
- hoher Beschäftigungsstand
- Wirtschaftswachstum
- außenwirtschaftliches Gleichgewicht
  (= Magisches Viereck)
- weitere Ziele:
  - gerechte Verteilung der Einkommen und Vermögen
  - Umweltschonung

Wirtschaftspolitik
– „Magisches Viereck"

Beziehungen zwischen den Zielen

Zielkonkurrenz:
Wachstum und Preisniveaustabilität

Zielharmonie:
Wachstum und Abbau der Arbeitslosigkeit

Wirtschaftspolitik
– Entscheidungsträger

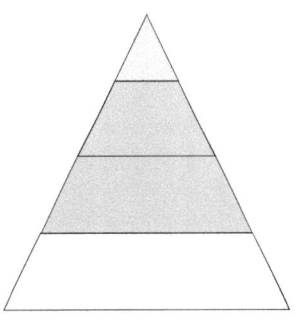

- Staatliche Entscheidungsträger:
  - Gebietskörperschaften
  - EZB / ESZB
  - EU

- Halbstaatliche Entscheidungsträger:
  - Kammern, Verbände, Gewerkschaften

Wirtschaftspolitik
– Effizienzprobleme

- Der „Feuerwehr-Ansatz" dominiert die Wirtschaftspolitik: Gehandelt wird, wenn ein Problem offensichtlich geworden ist, wenn es also sichtbar brennt. Wesentlich wichtiger wäre es, die Wirtschaft von vornherein so zu ordnen, dass ein Feuer erst gar nicht entstehen kann.
- Zeitverzögerungen (time-lags) im politischen Entscheidungsprozess
- Probleme: Diagnose, Prognose und Dimensionierung
- Globaler oder gezielter Einsatz der Instrumente?
- Haushaltspolitische Manövriermasse
- Gesellschaftliche und politische Probleme
- Globalisierung

Verhältnis zwischen Allgemeiner Politik und Wirtschaftspolitik

○ Allgemeine Politik:

○ Wohlstand, Sicherheit
○ Gerechtigkeit
○ politische Stabilität
○ innere Sicherheit
○ Außenpolitik: Spannungen/ Krisen/ Kriege

○ Wirtschaftspolitik:

○ Geldwertstabilität
○ Einkommensverteilung
○ Arbeitslosigkeit
○ Investitionsneigung
○ Handelsbeziehungen, inländische Konjunktur

Strategien der Wirtschaftspolitik – im Überblick

1. Klassische Ökonomie („Nachtwächterstaat")

   - A. Smith (1723–1790)
   - D. Ricardo (1772–1823)
   - J. B. Say (1767–1832)

3. Neoklassik – angebotsorientierte Wirtschaftspolitik

   - u.a. M. Friedman (1912–2006)

2. Keynesianismus – nachfrageorientierte Wirtschaftspolitik – antizyklisches Verhalten des Staates

   - J.M. Keynes (1883–1946)

Begründer der klassischen Nationalökonomie

Adam Smith

1723 – 1790

Adam Smith und das System der Klassischen Ökonomie

- Adam Smith (1723–1790) hielt die Marktwirtschaft für das effizienteste Wirtschaftssystem und vertrat den sog. Laissez-faire-Standpunkt. Danach soll sich der Staat aus dem Wirtschaftsgeschehen heraushalten und nur drei Aufgaben erfüllen:
  1. Das Land gegen Angriffe von außen schützen,
  2. Recht und Ordnung im Inneren gewährleisten und
  3. Leistungen anbieten, die vom privaten Sektor nicht angeboten werden.
- Kritiker dieses liberalen Ansatzes bezeichneten diese Strategie als „Nachtwächterstaat".

(Quelle: Sperber, H.: Wirtschaft, verstehen – nutzen – ändern, 4. Aufl., Stuttgart 2012, S. 124)

Noch mehr Adam Smith

- Die klassische Ökonomie wurde im 19. Jahrhundert geprägt durch David Ricardo (1772–1823), John Stuart Mill (1806–1873) und Jean Baptiste Say (1767–1832).
- Die von ihnen weiter entwickelte Klassik hat zwei Säulen:
1. Das Say`sche Theorem:
   jedes Angebot schafft sich seine eigene Nachfrage.
   Die Überlegung basiert auf dem Wirtschaftskreislauf. Demnach entspricht jeder Produktion in gleicher Höhe geschaffenes Einkommen (Löhne + Gewinne). Auch wenn ein Teil des Einkommens ins Sparen fließt, führt dies zu keinem Nachfrageausfall, weil die Ersparnis ja nicht weggeworfen, sondern auf den Kreditmärkten angeboten und von den Unternehmungen zur Finanzierung ihrer Investitionen verwendet wird.
2. Die Flexibilität von Preisen, Löhnen und Zinsen führt stets zu einem Gleichgewicht von Angebot und Nachfrage bei Vollbeschäftigung.

(Quelle: Sperber, S. 124 f.)

15

Der Makroökonom
John Maynard Keynes
1883 – 1946

16

Keynes – Ökonom mit Weltruhm
– Die ökonomische „Revolution"

- Kaum ein anderer hat die Volkswirtschaftslehre im vergangenen Jahrhundert so beeinflusst wie John Maynard Keynes (1883–1946). Die damals ungelöste Frage war:
  Wie kann es dazu kommen, dass sich eine Wirtschaft dauerhaft in der Abwärtsspirale befindet und nicht von selbst zum Gleichgewicht zurückfindet?
- Auf Grund der Arbeitslosigkeit in den 1920iger und 1930iger Jahren forderte Keynes eine staatliche Nachfragepolitik.
  Die Selbstheilungskräfte des Marktes seien zu gering. Mit dieser Auffassung hat Keynes im Alleingang das Weltbild der gesamten Nationalökonomie gesprengt.
  Die „keynesianische Revolution" („In the long run, we are all dead.") ist der größte Paradigmenwechsel in der Geschichte der Volkswirtschaftslehre.
- Keynes ist der Begründer der Makroökonomie (Denken in gesamtwirtschaftlichen Zusammenhängen): Er betrachtete nicht nur die Angebotsseite (supply side) – also das, was die Unternehmungen produzieren –, sondern auch die Nachfragekomponente (demand side).

Keynes
– Begründer der Makroökonomie

- Nach seiner Meinung hängen die Investitionspläne der Unternehmungen weniger von den Zinsen, sondern in erster Linie von den Absatzerwartungen ab. Die Nachfrage der Verbraucher hängt wiederum vom verfügbaren Einkommen (C = f (Y)) ab. Die Menschen, vorsichtig wie sie sind, sparen aber lieber einen Teil des Geldes. Das aber verleitet die Unternehmungen wiederum, Investitionen zurückzuhalten, es kommt zu Entlassungen. So wird eine Abwärtsspirale der Volkswirtschaft einsetzen.

- Keynes ist der Begründer der Makroökonomie (Denken in gesamtwirtschaftlichen Zusammenhängen).

Keynes
– kein Freund hoher Staatsschulden

- Anders als die vorherrschende Meinung sah Keynes die Lösung einer Wirtschaftskrise nicht in Lohnsenkungen, da ein solcher Schritt die Investitionen auch nicht wieder ankurbeln würde.
- Der Staat muss einspringen und mit zusätzlichen Ausgaben die Wirtschaft ankurbeln. Keynes forderte aber auch deutlich von der Politik, dass die Staatsausgaben wieder zurückgefahren werden, wenn die Wirtschaft wieder in Schwung gekommen ist.
- Keynes war kein Freund von dauerhaft hohen Staatsschulden.
- Die öffentlichen Haushalte in Deutschland haben Keynes in der Regel nur zu 50 % angewandt, nämlich in der Wirtschaftskrise. In guten Zeiten haben sie aber keine Rücklagen gebildet. Dadurch konnte man die später sog. Beschäftigungsprogramme nur über Kredite finanzieren. Deshalb hat sich seit den 1970ige Jahren die Staatsverschuldung systematisch erhöht.

Keynes
– sein Einfluss auf die Politik

- Vor allem der US-Regierung von Präsident Franklin Roosevelt (1882–1945, US-Präsident von 1932–1945) lieferte Keynes das theoretische Fundament für ihre bereits zuvor begonnene New-deal-Politik. New deal ist Poker-slang und bedeutet, die Karten neu austeilen.
- In Deutschland erlebte der Keynesianismus unter Wirtschafts- und Finanzminister Karl Schiller mit dem Stabilitäts- und Wachstumsgesetzgesetz (StabG) von 1967 seinen Höhepunkt.
- Keynes starb mit 63 Jahren.
  Gefragt, was er in seinem Leben bereue, antwortete er, dass er zu wenig Champagner getrunken habe.

Der Monetarist
Milton Friedman
1911 – 2006

Friedman
– Polarisierer und Gegenspieler von Keynes

- In den 1960iger Jahren feierte der Keynesianismus große Erfolge. Der damalige deutsche Bundeskanzler Brandt glaubte, man könne die Wirtschaft beliebig ankurbeln oder bremsen.
- In den 1970iger Jahren verstärkten sich aber die Zweifel an der Machbarkeit der Konjunktur. Der schärfste Kritiker des Keynesianismus war Milton Friedman.
- Friedman gilt als der Begründer des Monetarismus. Die in der Tradition der klassischen Ökonomie stehenden Monetaristen sind davon überzeugt, dass die Marktwirtschaft stabil ist, das heißt zur Vollbeschäftigung tendiert.

(Quelle: Sperber, S. 130)

Friedman
– die Geldmengenregel

○ Der Prozentsatz der Änderung der Geldmenge muss sich an der langfristigen Wachstumsrate des Bruttoinlandsprodukts orientieren, um ein Höchstmaß an Geldwertstabilität und Wirtschaftswachstum zu erreichen.
(potenzialorientierte Geldmengenpolitik)

Potenzialorientierte Geldmengenpolitik
(Milton Friedman)

1. Geldmenge wächst stärker als…
2. …die gesamtwirtschaftliche Produktion (BIP)
3. = monetär verursachte Inflation

Friedman
– sein Einfluss auf die Politik

○ Friedman: „Der Staat stört nur."

○ Friedman war Berater des US-Präsidenten Ronald Reagan („Reaganomics") und der englischen Premierministerin Margaret Thatcher („Thachterism").

<small>(Ronald Reagan, 1911–2004, US-Präsident 1981–1989 –
Margret Thatcher, *1925, englische Premierministerin 1979–1990)</small>

○ Friedman lehnte die kurzatmige Finanzpolitik von Keynes ab.

Stabilitätspolitische Strategien
– Vergleich der Basishypothesen

○ Neoklassik	○ Keynesianismus
○ Stabilität der Marktwirtschaft	○ Instabilität der Marktwirtschaft
○ Wirtschaftspolitik: langfristig, stetig, angebotsorientiert („supply-side-economics")	○ Wirtschaftspolitik: kurzfristig, antizyklisch, nachfrageorientiert („demand-side-economics")
○ Dominanz der Geldpolitik (Monetarismus)	○ Dominanz der Fiskalpolitik (Fiskalismus)

Neoklassik:
„Weniger Staat – mehr Markt"

- o Vorrang der Ordnungspolitik
- o Zentrale Steuerungsgröße: Geldmenge
- o Zielpriorität: Preisniveaustabilität
- o einzelne Maßnahmen:
  - Senkung der Steuer- und Sozialabgabenbelastung,
  - Senkung der Staatsquote,
  - Abbau der Staatsverschuldung,
  - Senkung der Lohnnebenkostenbelastung,
  - Privatisierung,
  - Abbau administrativer Hemmnisse ...

Keynesianismus:
Mehr Staat – weniger Markt

- o Vorrang der Prozesspolitik (Konjunkturpolitik)
- o Steuerung durch antizyklische Finanzpolitik
- o Zielpriorität: hoher Beschäftigungsstand
- o einzelne Maßnahmen:
  - antizyklischer Einsatz von Staatseinnahmen und -ausgaben
  - „deficit spending"

10. Wachstum, Arbeitslosigkeit und Inflation

Wirtschaftswachstum
– Einflussgrößen

o Determinanten des Wachstums (Produktionsfaktoren):

Arbeit, Kapital, natürliche Ressourcen (klassische Produktionsfaktoren), sowie Rechtssystem, Sozialsystem, Steuersystem, Lohnpolitik, sog. weiche Faktoren wie Kultur und Bildung

o Die Gesamtheit der Produktionsfaktoren bildet die Transformationskurve. Stehen mehr Produktionsfaktoren zur Verfügung, verschiebt sich die Transformationskurve nach rechts.

Transformationskurve
(= Kurve der alternativen Produktionsmöglichkeiten bei begrenzten Ressourcen)

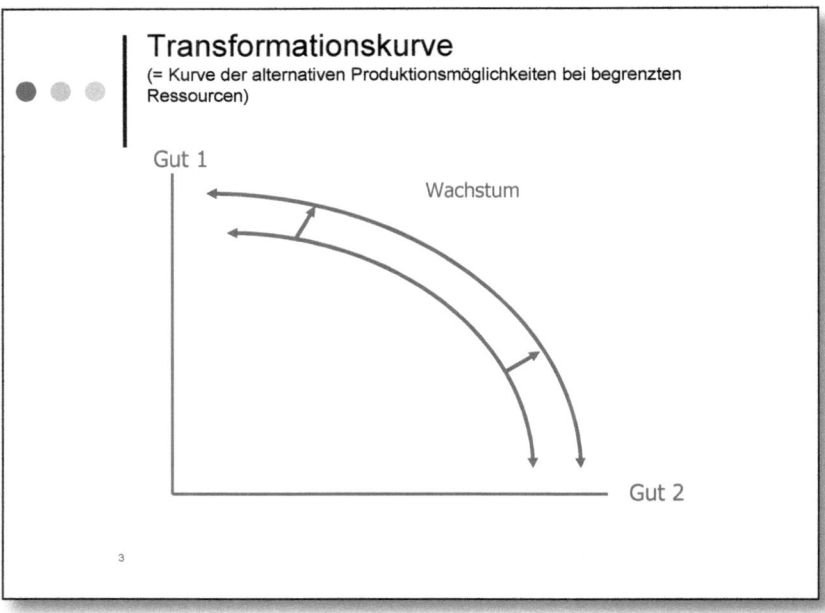

Wirtschaftswachstum
– Argumente

- Begründung (Ziele) des Wachstums:
  - mehr Wohlstand
  - sichert und vermehrt Arbeitsplätze
  - erleichtert eine Umverteilung
  - technischer Fortschritt
  - sichert Aufgabenerfüllung des Staates

- Argumente gegen Wachstum
  - Die Kennzahl „Zunahme des BIP" ist eine rein quantitative Sicht.
  - Wachstum führt zu Umweltbelastung
  - einseitige Ausrichtung auf materielle Verbesserungen (Anspruchsdenken)

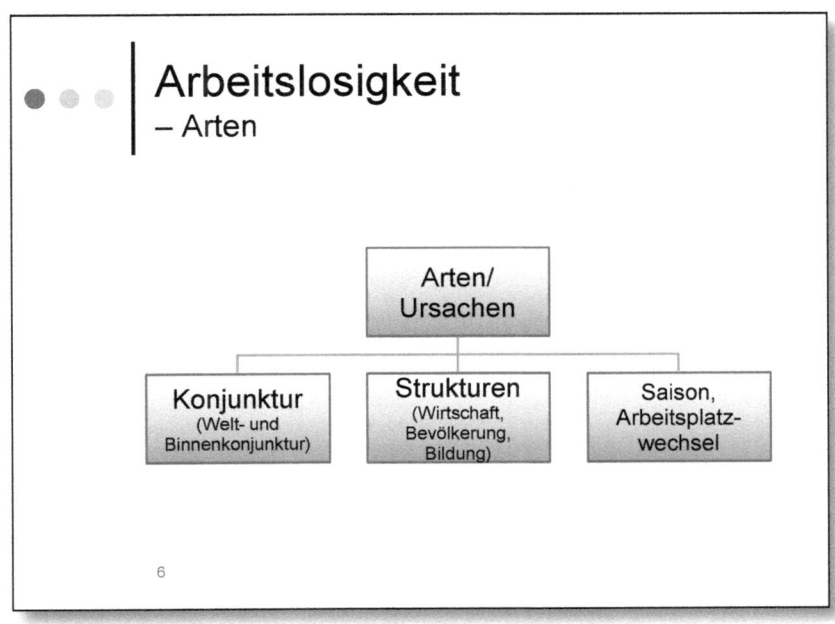

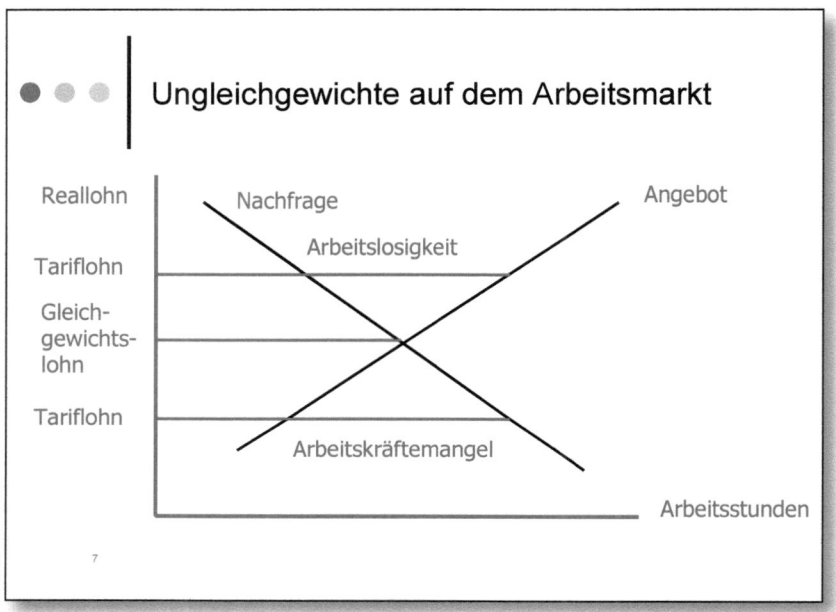

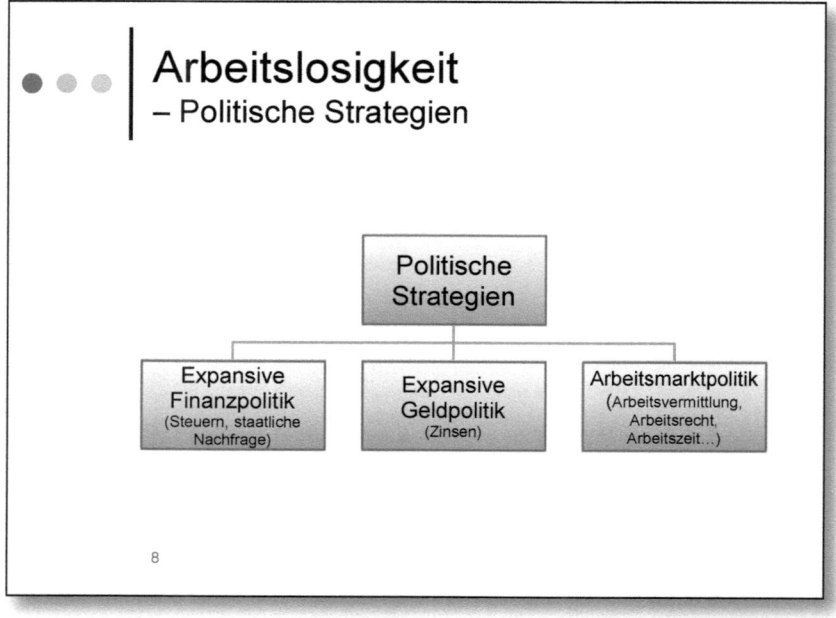

Politische Beeinflussung der Volkswirtschaft 107

Inflation
– Begriff und Messung

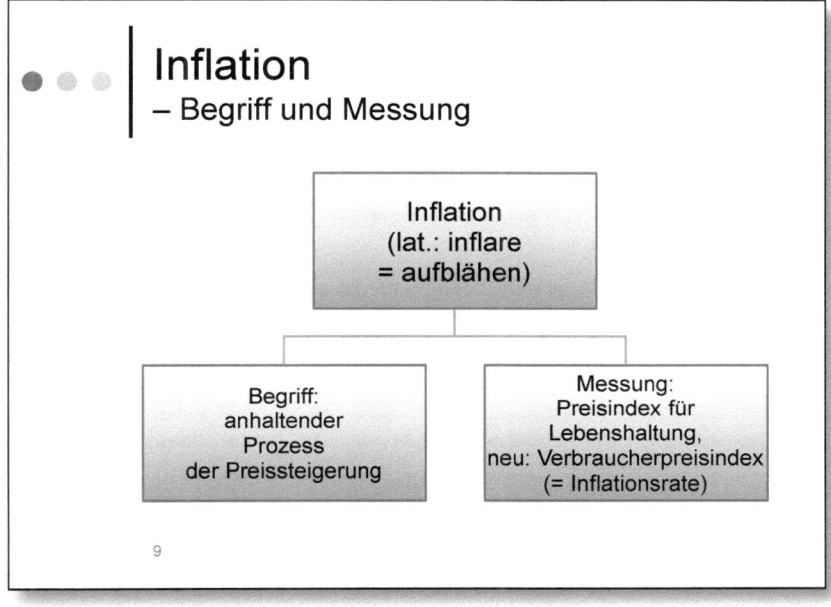

Inflationsmessung

- Der Geldwert ist der reziproke Ausdruck des Preisniveaus. Die amtliche Statistik berechnet den Verbraucherpreisindex für Deutschland (VPI), früher Preisindex für Lebenshaltung.
- Die Berechnung erfolgt in folgenden Stufen:
    - Ermittlung des Warenkorbs
    - Festlegung des Wägungsschemas
    - Feststellung des Preisanstiegs in Bezug auf das Basisjahr

Inflationsmessung in der EU

- Der harmonisierte Verbraucherpreisindex (HVPI) wird für jeden Mitgliedsstaat der EU, für die gesamte EU sowie für die Mitgliedsstaaten der Europäischen Währungsunion (Eurozone) ermittelt.
- Der HVPI ist entscheidend für die europäische Geldpolitik.
- Länderspezifische Besonderheiten der Lebenshaltung sollen ausgeschaltet werden, um so zu einer größtmöglichen Vergleichbarkeit der Inflationsraten in der EU zu gelangen.
- Die volle Angleichung bleibt weiteren Harmonisierungsstufen vorbehalten.

Inflation
– Ursachen

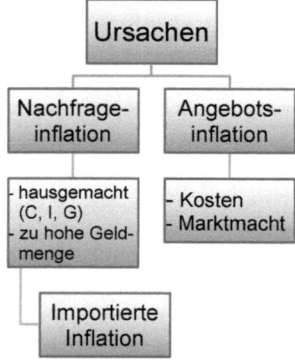

Inflation
– Auswirkungen

o Folgen:

- o Negative Allokationseffekte
- o Verschlechterung der internationalen Wettbewerbsfähigkeit
- o Wachstums- und Beschäftigungsprobleme
- o Gefährdung des Geldwesens
- o Verteilungsprobleme (Lohn-lag- und Transfer-lag-Hypothese)

Inflation
– Politische Strategien

```
                Politische
                Strategien
                ┌───────┴───────┐
          Finanzpolitik      Geldpolitik
           kontraktive    potenzialorientierte
            Strategie     Geldmengenpolitik
                │                │
           nach StabG         Geldpolitik
                              der EZB
```

11. Die Rolle der öffentlichen Haushalte

1. Staatsausgaben
2. Staatseinnahmen
3. Staatsverschuldung

Finanzwissenschaft

- Die Finanzwissenschaft ist eine Teildisziplin der Volkswirtschaftslehre.
- Untersuchungsobjekt:

  ökonomische Aktivitäten der Gebietskörperschaften und Sozialversicherungen und deren Auswirkungen

- Gegenstand:
  1. Staatsausgaben
  2. Staatseinnahmen
  3. Staatsverschuldung

Finanzpolitik

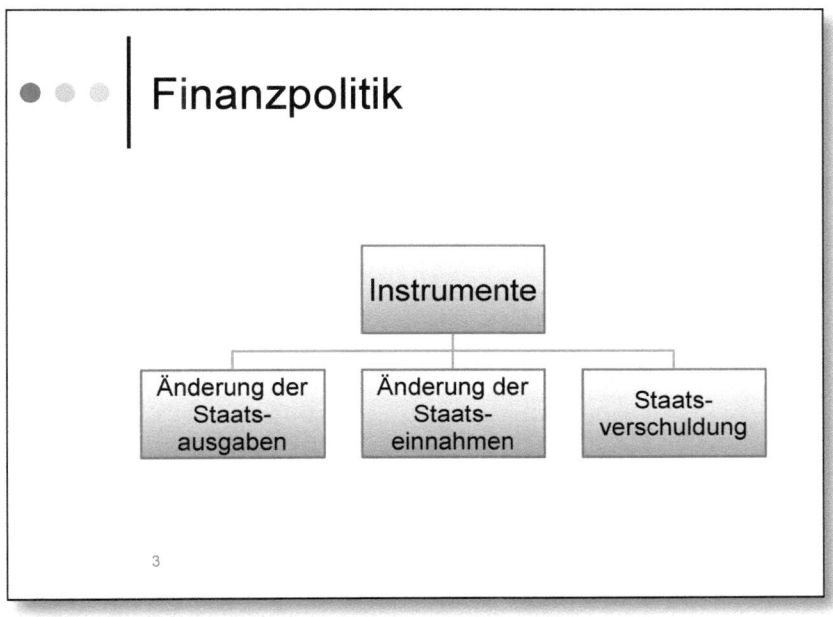

1. Staatsausgaben
– Staatsquote

o Gesetz der wachsenden Ausdehnung der Staatstätigkeit:

„Die Staatstätigkeit nimmt schneller zu als die ökonomische Aktivität."

(Adolph Wagner, deutscher Finanzwissenschaftler, 1835–1917)

o Die sog. Staatsquote (Anteil der Staatsausgaben am BIP) betrug in Deutschland um 1900 noch 15% und gegenwärtig bereits ca. 50%.

Staatsausgaben
– Wirkungen

Ökonomische Wirkungen

- **indirekte Wirkung**
  auf die Gesamtnachfrage über die privaten Haushalte und Unternehmungen (Sozialleistungen, Subventionen)
- **direkte Wirkung**
  auf die Gesamtnachfrage, z.B. öffentliche Investition / s. Multiplikatoreffekt)

Staatsausgaben
– Subventionen – Der „Kobra-Effekt"

- Subventionen = Zahlungen vom Staat an die Unternehmungen

- „Zu Zeiten der britischen Kolonialverwaltung gab es in Indien zu viele Kobras. Um der Plage Herr zu werden, setzte der Gouverneur eine Prämie pro abgeliefertem Kobra-Kopf aus. Die Inder sollten also Kobras einfangen. Was taten sie?
Sie züchteten Kobras, um die Prämie zu kassieren."

(Quelle: Siebert, H.: Der Kobra-Effekt. Wie man Irrwege der Wirtschaftspolitik vermeidet, München 2001)

Staatsausgaben
– Sozialleistungen

- Zahlungen vom Staat an die privaten Haushalte
- Sozialleistungen sind die Korrektur des Marktmechanismus.
- Der Markt bewertet ausschließlich die Leistung. Deshalb sind Sozialleistungen notwendig bei: Arbeitslosigkeit, Krankheit, Unfall, Invalidität, Mutterschaft, Kinderreichtum und Alter („Marktversagen").
- Der Staat zahlte im Jahr 1960 noch 33 Mrd. € Sozialleistungen, im Jahr 2004 waren es bereits 700 Mrd. € (Sozialleistungsquote = 32,5%).

2. Staatseinnahmen
– Steuern: Ziele

- Allokation
- Verteilung
- Konjunktur (kurzfristige Stabilisierung)
- Wachstum (langfristige Stabilisierung)

- Fiskalische Ziele (Einnahmenerzielung, Sparsamkeitsprinzip bei der Mittelverwendung)
- Staatsinterne Effizienz (organisatorische Effizienz einzelner Träger, Finanzausgleich)

Steuern
– Gerechtigkeit

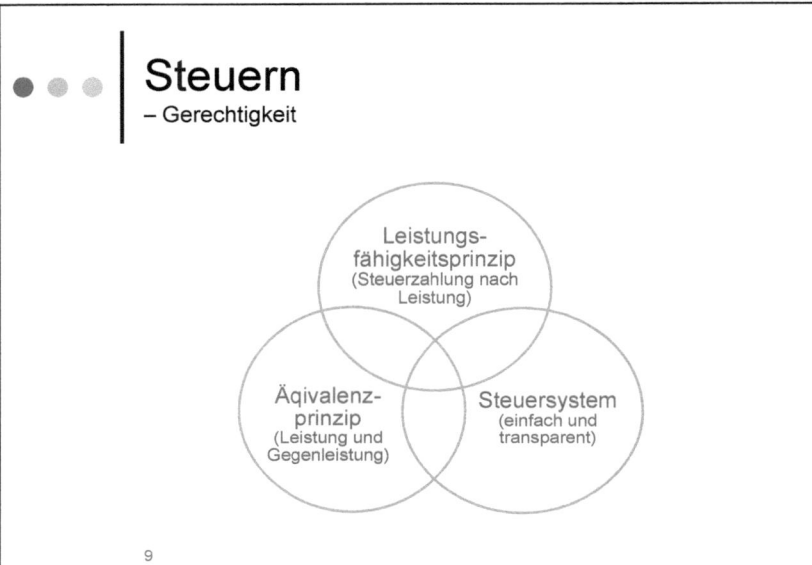

Steuern
– Konjunkturelle Wirkung von Steueränderungen: der Steuermultiplikator

o Prämisse: Steuererhöhung

1. Y = C + S (Einkommensverwendungsgleichung)
   wobei: Y = Einkommen, C = Konsumausgaben, S = Sparen
2. C = b (Yv)
   wobei: b = Konsumneigung/Grenzkonsumquote, Yv = verfügbares Einkommen
3. Yv = Y – T + Tr
   wobei: T = Steuern, Tr = Transferzahlungen
4. Y = b (Y – T + Tr) + S
   nachfolgend: S und Tr = const., sowie d = Veränderung
5. dY = b (dY – dT)
6. dY – b dY = - b dT
7. dY = (-b : 1-b) dT oder dY = (-b : s) dT
8. Der Steuermultiplikator ist negativ (bei einer Steuererhöhung).
9. Trygve Haavelmo (1911–1999) hat den Fall analysiert, dass eine Erhöhung der Staatsausgaben durch eine Steuererhöhung finanziert wird,
   d.h.: Staatsnachfragemultiplikator (1 : 1-b)
   plus Steuermultiplikator (– b : 1-b)
   ergibt ceteris paribus eine Gesamtwirkung von 1.

Politische Beeinflussung der Volkswirtschaft

Wichtige Steuerbegriffe

- Direkte Steuern:
  Steuerlast kann nicht überwälzt werden, Bsp.: Einkommensteuer

- Indirekte Steuern:
  die Steuerlast wird auf den Endverbraucher über den Preis überwälzt, Bsp.: Mehrwertsteuer

- Durchschnittssteuersatz (= Durchschnittsbelastung):
  Belastung des Gesamteinkommens

- Grenzsteuersatz (= Grenzbelastung):
  Belastung jedes zusätzlich verdienten Euro

- Spitzensteuersatz:
  höchster Steuersatz beim Einkommen
  (Proportionalzone/Grenzsteuersatz bleibt gleich)

Steuern
– Gestaltung der Steuerbelastung

Steuertarife

- **Proportionaler Steuertarif**
  (gleichbleibender Steuersatz bei wachsender Bemessungsgrundlage – Grenzsteuersatz bleibt gleich)

- **Progressiver Steuertarif**
  (steigender Steuersatz bei wachsender Bemessungsgrundlage – Grenzsteuersatz steigt)

Steuern
– Aufbau des Einkommensteuertarifs

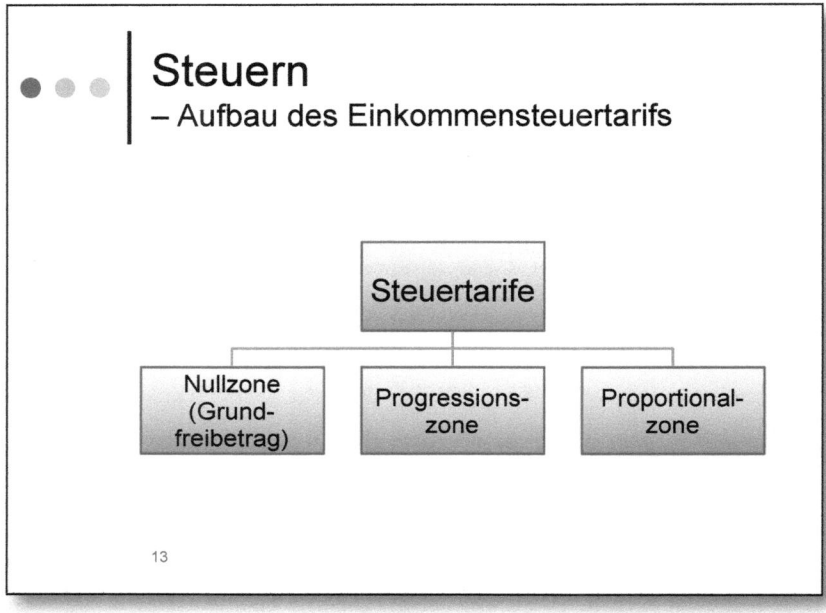

Der Laffer-Effekt
– Höhe des Steuersatzes und Steueraufkommen

- Der amerikanische Ökonom Arthur Laffer (* 1940) soll die sog. Laffer-Kurve 1974 in einem Washingtoner Restaurant auf eine Papierserviette gemalt haben.
- Danach nimmt das Steueraufkommen mit steigendem Steuersatz zunächst zu, um dann wieder zu sinken.
- Wo der optimale Steuersatz einer Steuerart liegt, weiß leider niemand.
- Die Laffer-Kurve führt aber zu einer politischen Konsequenz: Eine Senkung der Steuersätze führt über die Beschleunigung der Wachstumsdynamik zu einer absoluten Zunahme der Steuereinnahmen.
- Die Laffer-Kurve bildet den Kern der Supply-Side-Economics (angebotsorientierte Wirtschaftspolitik).

Laffer-Kurve

o Steuersatz und Steuereinnahmen

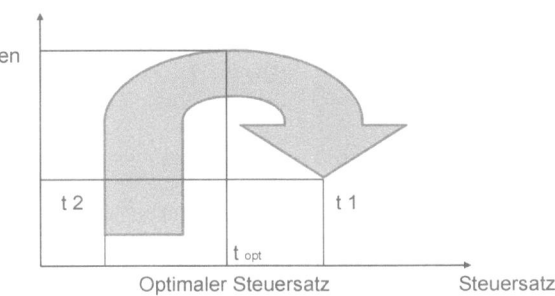

Steuern
– Reaktionen auf Steuerbelastung

o Steuervermeidung:
Verlegung von Produktionsstätten in steuergünstigere Volkswirtschaften

o Steuerüberwälzung:
Unternehmen versuchen, Steuererhöhungen durch Preissteigerungen auf die Kunden zu überwälzen

o Steuerhinterziehung:
rechtswidrige Form der Steuerminderung

3. Staatsverschuldung
– Ursachen

- Strukturelle Aspekte:
  Zunahme der Aufgaben, Gesetze mit Ausgabewirkungen...

- Konjunkturelle Aspekte:
  Rückgang der Haushaltseinnahmen

- Steuerschätzung und Wachstumsrate

- Politische Auslegung von gesetzlichen Regelungen über die Höhe der Staatsverschuldung

Staatsverschuldung
– Wirkungen

Ökonomische Effekte der Staatsverschuldung

- **Finanzwirtschaftliche Effekte**
  (geringere Flexibilität in den Haushalten)
- **Distributive Effekte**
  (Staatsschulden belasten zukünftige Generationen)
- **Allokative Effekte**
  („crowding-out-Effekt" = Verdrängung privater Investoren)

Staatsverschuldung
– Finanzierung

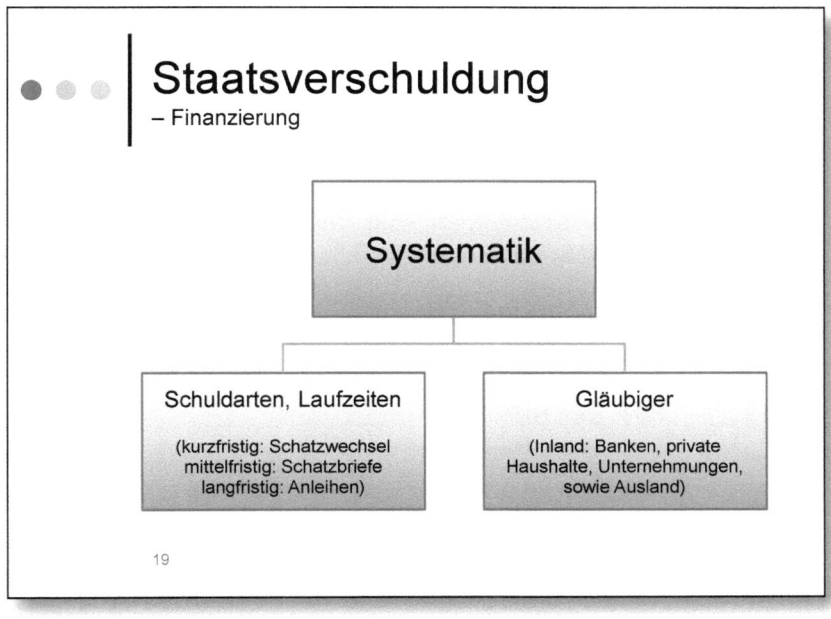

Staatsverschuldung
– gesetzliche Grenzen

o Art. 115 (1) GG: „... die Einnahmen aus *Krediten dürfen* die Summe der im Haushaltsplan veranschlagten *Ausgaben für Investitionen nicht überschreiten*;
Ausnahmen sind zulässig zur Abwehr einer Störung des gesamtwirtschaftlichen Gleichgewichts..."

o Art. 84 LV 7 BW: gleich lautend

o Maastrichter Vertrag – Art. 104 c EGV

Staatsverschuldung
— Konvergenzkriterien des EGV

o Das Defizit aller öffentlichen Haushalte eines Mitgliedsstaates (einschl. der SV) in einem Jahr darf nicht höher sein als 3 % des BIP.

o Die gesamte Verschuldung aller öffentlichen Haushalte (einschl. SV) eines Mitgliedsstaates am Ende eines Jahres darf nicht höher sein als 60% des BIP.
(Art. 104 c EGV)

Staatsverschuldung
— weitere Kennzahlen

o Pro-Kopf-Verschuldung

o Zins-Steuer-Quote
(Zinsausgaben i.V. zum Steueraufkommen)

o Zins-Ausgaben-Quote
(Zinsausgaben i.V. zu den Gesamtausgaben)

o Kreditfinanzierungsquote (Nettokreditaufnahme i.V. zu den Gesamtausgaben)

12. Gerechte Verteilung…

…der Einkommen und Vermögen

Begriffe der Einkommensverteilung

- Funktionelle Verteilung:
  Verteilung der Einkommen auf die Produktionsfaktoren Arbeit (Arbeitseinkommen) und Kapital (Gewinn)
- Personelle Verteilung:
  Verteilung der Einkommen auf die Eigentümer der Produktionsfaktoren
- Primäre Verteilung:
  Verteilung der Einkommen über den Markt (Markteinkommen)
- Sekundäre Verteilung:
  Umverteilung der Einkommen durch den Staat (Sozialpolitik)

Verteilungsgerechtigkeit

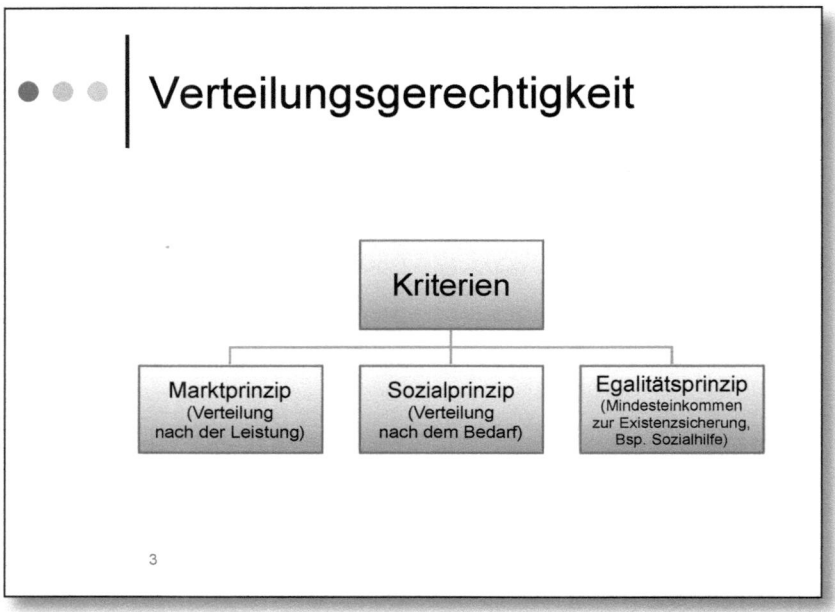

Lohnquote

- Die Lohnquote ist der Anteil der Arbeitnehmereinkommen (Entgelt des Produktionsfaktors Arbeit) am Volkseinkommen.
- Ergänzend dazu ist die Gewinnquote definiert als Anteil der Unternehmens- und Vermögenseinkommen am Volkseinkommen.
- Die Lohnquote spielt im Rahmen der Tarifpolitik eine große Rolle. Sie hat aber eine begrenzte Aussagefähigkeit, weil eine Person zugleich Arbeits- und Vermögenseinkommen beziehen kann.

Probleme der Lohnquote

- Veränderungen der Lohnquote werden häufig als Verschiebung der relativen Verteilungsposition zwischen Arbeitnehmern und Arbeitgebern interpretiert.
- Diese Argumentation greift jedoch zu kurz.
- Arbeitnehmerentgelte umfassen sowohl Einkommen von Lehrlingen, als auch von Vorstandsvorsitzenden.
- Die Einkommen von kleinen Landwirten und freiberuflichen Journalisten sind Gewinneinkommen.

Bereinigte Lohnquote

- Um den Einfluss der Veränderung der Erwerbstätigenstruktur auf die Lohnquote zu korrigieren, wird die bereinigte Lohnquote berechnet.

- Bei der bereinigten Lohnquote wird die einfache Lohnquote mit der Veränderung der Erwerbstätigenstruktur gewichtet.

Lorenzkurve (1)

- Die Lorenzkurve ist eine grafische Darstellung der personellen Einkommensverteilung nach dem amerikanischen Statistiker Max O. Lorenz (1880–1962).

- Sie zeigt, wie viel Prozent der Einkommensbezieher in einer Gesellschaft wie viel Prozent des Gesamteinkommens erhalten. Verdient jeder gleich viel, ergibt sich eine Gerade. Je größer der Abstand zwischen dieser Gleichverteilungslinie und einer empirisch ermittelten Lorenzkurve ist, umso ungleicher ist die Einkommensverteilung.

Lorenzkurve (2)

- Grafische Darstellung

100% der Haushaltseinkommen

Gleichverteilungslinie

Lorenzkurve

0

100% der Haushalte

Politische Beeinflussung der Volkswirtschaft 125

Der Gini-Koeffizient

(Anmerkung: Corrado Gini, italienischer Statiker, 1884–1965
Der Gini-Koeffizient kann aus der Lorenzkurve ermittelt werden, indem man die Fläche zwischen Lorenzkurve und Diagonale ins Verhältnis setzt zur Gesamtfläche unter der Diagonalen. Bei völliger Gleichverteilung nimmt er somit den Wert 0 an, bei völliger Ungleichverteilung den Wert 1.)

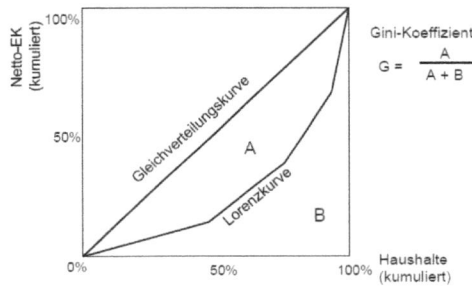

Gini-Koeffizient:

$$G = \frac{A}{A + B}$$

- Je näher der Wert an 1 liegt, desto größer die Ungleichheit der Verteilung.
- Je näher der Wert an 0 liegt, desto größer die Gleichheit der Verteilung.

Tarifpolitik (Marktergebnis)

- Das Marktergebnis ist das Resultat bei Tarifverhandlungen zwischen Arbeitgeberverbänden und den Gewerkschaften.

- Tarifverhandlungen orientieren sich an:
  - Arbeitsproduktivität
  - Inflationsrate
  - Umverteilung des Volkseinkommens

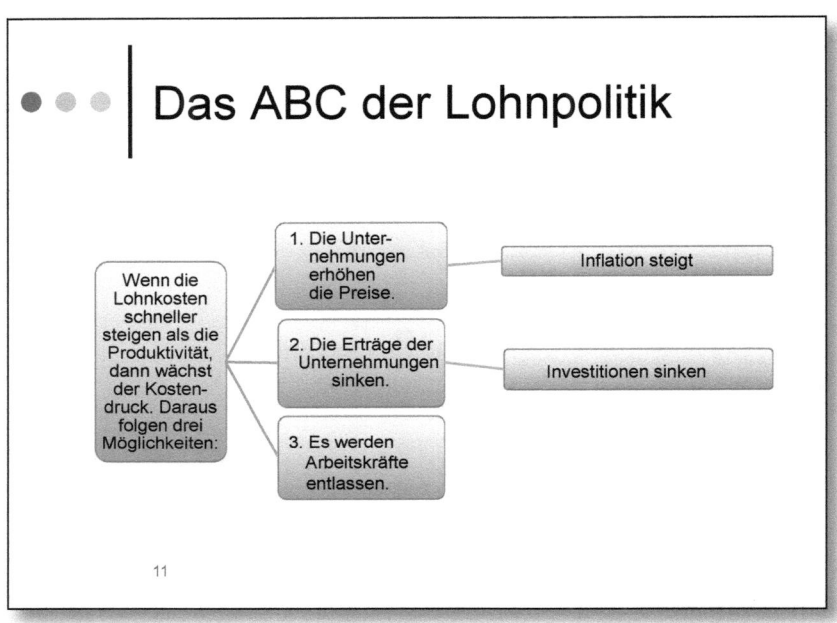

13. Wohlstand und Umwelt

Marktversagen
– Kann der Marktmechanismus Umweltprobleme lösen?

- Die Umweltverschmutzung hat soziale, in der Regel aber keine privaten Kosten für die Verursacher (Produzenten, Konsumenten).
- Ohne staatliche Eingriffe ist deshalb der Umweltverbrauch zu hoch.
- Zentrales Ziel der Umweltpolitik ist, dass die Verursacher die sozialen Kosten tragen; in der Fachsprache: Internalisierung externer Effekte.

Umweltökonomie

- Teildisziplin der Wirtschaftswissenschaften
- Entwicklung der Umweltressourcen vom freien zum knappen Gut.
- In der Regel gibt es keine Marktpreise für Umweltnutzungen.
- Die externen Kosten werden unzureichend internalisiert.
  > interne Kosten = Kosten des Betriebes / Erfassung durch die Kostenrechnung

  > externe Kosten = gesellschaftliche Kosten

Aufgaben der Umweltökonomie

- Verbesserung der Lebensqualität
- Optimales Gleichgewicht zwischen
  - Naturnutzung
  - Naturbelastung
- Nachhaltiges Wirtschaften (substainable development)
  - Bevölkerung, Ressourcennutzung, Umweltbelastung, … werden so genutzt, dass die dauerhafte Existenz der Gemeinschaft gewährleistet ist.

Politische Beeinflussung der Volkswirtschaft 129

Natürliche Ressourcen

- Nicht erneuerbare Ressourcen
  - Rohstoffe
  - Primärenergieträger
  - Boden
- Erneuerbare Ressourcen
  - Luft
  - Wasser
  - Pflanzen
- Unerschöpfliche Ressourcen
  - Sonne
  - Wind

Nachhaltiges Wirtschaften

- Die Nutzung einer Ressource darf auf Dauer nicht größer sein als seine Regeneration.
- Die Freisetzung von Stoffen darf auf Dauer nicht größer sein als die Tragfähigkeit der Umweltmedien.
- Gefahren und Risiken für Mensch und Umwelt sind zu vermeiden.

Externe Umweltkosten
– Beispiele:

- Verkehr
  - Straßenbau
  - Lärm
  - Verkehrsunfälle
- Luftverschmutzung
- Verseuchte Lebensmittel
  usw.

Internalisierung externer Kosten

- Die bislang von der Allgemeinheit zu tragenden (externen) Kosten…
- …werden zum Bestandteil der Einzelwirtschaft.
- Ziel:
  - Zurechnung der Umweltkosten beim Verursacher

Internalisierung von Umweltkosten durch staatlichen Eingriff
(z.B.: Steuern)

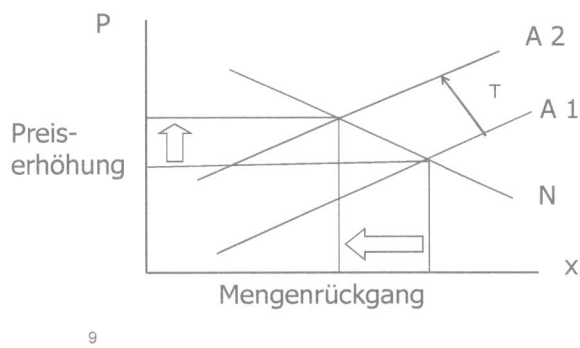

Preis-erhöhung

Mengenrückgang

Internalisierung

- Bedeutung
  - gegenwärtig noch gering
  - sollte intensiviert werden
  - bietet wirksame Lösung für Umweltprobleme

- Probleme
  - Ermittlung des Verursachers
  - Quantifizierung der Schäden
  - Politische Widerstände

Umweltpolitische Prinzipien

- Ziel:
  Simulation des fehlenden Markt- und Preismechanismus für Umweltgüter – entsprechende Gegensteuerung der Fehlallokation der Umweltressourcen
- Verursacherprinzip
- Gemeinlastprinzip
- Vorsorgeprinzip
- Kooperationsprinzip

Verursacherprinzip

- Das Verursacherprinzip dient der Kostenzurechnung. Danach soll jeder, der die Umwelt schädigt oder belastet, für die daraus resultierenden Kosten aufkommen.
- Für die betriebswirtschaftliche Kostenrechnung bedeutet dies, dass externe Kosten internalisiert werden. Die Produktionskosten und die Verkaufspreise steigen, die Nachfrage sinkt.
- Bei der Durchsetzung dieses Prinzips gibt es allerdings Probleme in der Kostenerfassung und in der Feststellung des tatsächlichen Verursachers.

Verursacherprinzip

- Beispiele
  - Auflagen
  - (Emissions-) Abgaben und -zertifikate

- Probleme bei der Anwendung
  - unbekannte Ursachen
  - unbekannte Verursacher
  - Verursacher können nicht immer herangezogen werden
  - Ausmaß der Schäden nicht immer (monetär) festzustellen
  - bei akuten Notlagen zu langsam wirksam

Gemeinlastprinzip

- Ein Ausweg aus den Problemen des Verursacherprinzips scheint auf den ersten Blick das Gemeinlastprinzip zu sein.

- Der Aufwand für die Verminderung der Umweltbelastung wird von der Gesellschaft, letztlich also vom Steuerzahler getragen (= externe Kosten).

Gemeinlastprinzip

o Beispiele
- Staatliche Zuschüsse für Umweltschutzinvestitionen
- Sonderabschreibungsmöglichkeiten für Umweltschutzinvestitionen

o Probleme/Schwächen
- kein Anreiz für Verursacher zur Reduzierung von Umweltbelastungen
- Gefahr der Ausweitung
- keine Kopplung zum Markt
- enthält Elemente der Ungerechtigkeit

Vorsorgeprinzip

o Die gemeinsame Schwäche des Verursacher- und Gemeinlastprinzips ist, dass nur auf bereits entstandene Umweltschäden reagiert wird.

o Der wirkungsvollste Umweltschutz ist das Handeln nach dem Vorsorgeprinzip, d.h. dass Umweltbelastungen erst gar nicht zugelassen werden.

o Im § 1 des Bundesimmissionsschutzgesetzes ist dieses Prinzip das Oberziel.

Vorsorgeprinzip

- Beispiele
  - Auflagen (§ 1 des Bundesimmissionsschutzgesetzes)
  - Abgaben
  - Umwelthaftung
- Probleme/Schwächen
  - politische Festlegung des Umfangs des Vorbeugeaufwands nötig
  - Nutzen der Vorsorgemaßnahmen nicht immer (vollständig) feststellbar
  - erfordert langfristige Orientierung
  - Nutzen kommt u.U. erst einer anderen Generation zugute
  - schwere Durchsetzbarkeit

Kooperationsprinzip

- Ein politisches Verfahrenskonzept ist schließlich das Kooperationsprinzip, das auf Einsicht und Umweltverantwortung der Bürger, Unternehmungen, staatliche Einrichtungen und des Auslands zur gemeinsamen Bewältigung von Umweltproblemen beruht.

- Wichtig ist auch die Erkenntnis, dass Umweltprobleme global sind und deshalb internationale Lösungen gefragt sind.

Kooperationsprinzip

- Beispiele
  - freiwillige Selbstverpflichtungen
  - Branchenabkommen
  - Umweltschutzmaßnahmen auf der Grundlage von Lokalen Agenda-Prozessen
- Probleme/Schwächen
  - geeignete Entscheidungs- und Mitwirkungsstrukturen müssen oft erst geschaffen werden
  - Ausmaß der Partizipation muss festgelegt bzw. ausgehandelt werden
  - Verhandlungsergebnisse sind abhängig vom Informationsstand der Beteiligten

Instrumente der Umweltpolitik

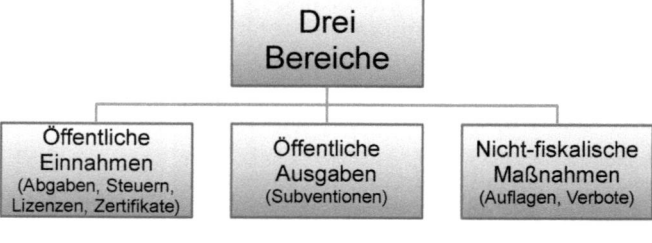

Umweltpolitische Instrumente (1)

o ökonomische Instrumente
- Abgaben (Steuern, Gebühren, Beiträge, Sonderabgaben)
- Finanzbeihilfen
- Steuererleichterungen
- Zertifikate
- Kompensationsregelungen
- Benutzervorteile
- Umweltzeichen (z.B. Umweltengel des Umweltbundesamtes)

Umweltpolitische Instrumente (2)

o ordnungsrechtliche Instrumente
- Gebote
- Verbote
- Auflagen (z.B. Einhaltung des Stands der Technik, von Grenzwerten und EU-rechtlichen Vorgaben)

Umweltpolitische Instrumente (3)

o haftungsrechtliche und planerische Instrumente

- Umwelthaftung
- Umweltverträglichkeitsprüfung (UVP)
- raumbezogene Planungen

Umweltpolitische Instrumente (4)

o informatorische Instrumente

- Beratungs- und Informationsleistungen (einschl. der Messung von Umweltbelastungen)
- umwelterzieherische Aktivitäten
- Umweltaufklärung
- Umweltforschung

Lokale Agenda 21

Global denken - lokal handeln!

Idee einer „nachhaltigen" oder „dauerhaft-umweltgerechten Entwicklung"
(substainable development)

Agenda 21 (Kapitel 28):

- Rio de Janeiro, 1992
- Die damaligen Mitglieder der UNO verabschiedeten ein entwicklungs- und umweltpolitisches Aktionsprogramm für das 21. Jahrhundert.
- Es soll ein langfristiger, kommunaler Aktionsplan entwickelt werden, der sich an den Merkmalen der Leitidee einer nachhaltigen Entwicklung orientiert.

Kritik an der Lokalen Agenda

- Auseinanderklaffen von Vision und Realität
- mangelnde Transparenz bei den Zielen der Agenda und dem Umsetzungsprozess
- fehlende demokratische Prozesse
- fehlende Auseinandersetzung mit Atom- und Gentechnik sowie der Globalisierung
- Festhalten an der „Wachstumsideologie"
- Fehlender Bekanntheitsgrad beim Bürger

Kapitel V: Ökonomische Dimensionen der Europäischen Integration

14. Europäische Wirtschafts- und Währungsunion

1. Bretton Woods System
2. EWS
3. EWU

Geschichte der internationalen Währungssysteme

(Währung = Verfassung und Ordnung des Geldwesens eines Staates bzw. international unter mehreren Staaten)

1. System von Bretton Woods
2. EWS
3. EWU

---

1. Das System von Bretton Woods
1944 – 1973

- Bretton Woods ist ein Ort im Bundesstaat New Hampshire (USA), in dem 1944 eine Währungs- und Finanzkonferenz der UNO mit 44 Teilnehmerstaaten stattfand. Auf der Konferenz wurde ein internationales Festkurssystem vereinbart und die Errichtung des Internationalen Währungsfonds und der Weltbank beschlossen.
- Die Verträge von Bretton Woods dienten der Neuregelung der Weltwirtschaft nach dem 2. Weltkrieg und bildeten die Grundlage für eine neue Weltwährungsordnung.
- Kernpunkt des Abkommens war der „Gold-Dollar-Standard". Die Länder verpflichteten sich, ihre Wechselkurse in sehr engen Grenzen gegenüber dem Dollar zu halten (anfängliche Schwankungsbreite +/- 1%). Die Zentralbanken mussten also immer dann Dollar gegen eigene Währung kaufen, wenn der Dollarkurs an der unteren vereinbarten Schwankungsbreite lag und umgekehrt (Interventionssystem).
- Der Beitrag der USA zur Systemstabilität lag in der Goldeinlösungspflicht: die amerikanische Zentralbank (FED) musste Dollar, die ihr von ausländischen Zentralbanken angeboten wurden zu einem festen Preis von 35 Dollar je Feinunze (eine Feinunze = 31,1 g) in Gold eintauschen.
- Außerdem waren im Bretton Woods System noch Kredithilfen für die Mitgliedsstaaten vereinbart.

Exkurs: Wechselkurse

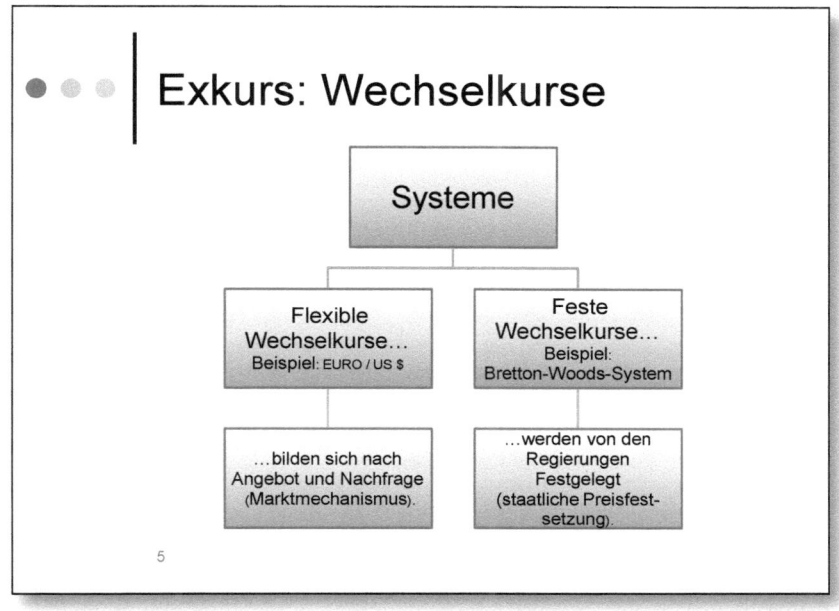

Der Weg zum Europäischen Währungssystem (EWS)

- Das Festkurssystem von Bretton Woods bestand formal fast drei Jahrzehnte bis 1973.
- Bereits im Mai 1971 wurde der DM/$-Wechselkurs freigegeben.
  (Dollareinbruch um 9,3% auf 3,32 DM je $)
- Im August 1971 hob US-Präsident Richard Nixon (1913–1994, US-Präsident von 1969–1974) die Dollarkonvertibilität endgültig auf. Die amerikanische Zentralbank hatte wegen der Finanzierung des Vietnam-Krieges übermäßig viele Dollar in Umlauf gebracht und konnte deshalb der Goldeinlösungspflicht nicht mehr nachkommen.
- Danach ging der europäische „Block" Deutschland, Frankreich, Belgien, Niederlande, Luxemburg und Dänemark) zum sog. Blockfloating über. Dies bedeutete feste Wechselkurse mit einer Bandbreite von +/- 1,125% sowie ein freier Wechselkurs gegenüber dem US-Dollar.
- 1972–1979 Europäischer Wechselkursverbund („Währungsschlange")
- seit März 1979: EWS – Europäisches Währungssystem

2. EWS
1979 – 1998

Ziele:
- Förderung des europäischen Integrationsprozesses
- Stabilisierung der Außen- und Binnenwerte
- Beseitigung der Wechselkursrisiken
- Förderung der Konvergenz

Elemente:
- ECU (European Currency Unit) als zentrale Recheneinheit
- Wechselkurs- und Interventions-mechanismus (Bandbreite +/- 2,25%)
- Kreditmechanismus

3. Der Vertrag über die EU
– der sog. Maastricht-Vertrag (02/1992)

Die drei Säulen des Vertrags

1. Säule	2. Säule	3. Säule
Europäische Wirtschafts- und Währungsunion (EWWU)	Gemeinsame Außen- und Sicherheitspolitik der EU	Enge Zusammenarbeit in den Bereichen Justiz und Inneres

Ökonomische Dimensionen der Europäischen Integration 145

1. Säule – Teil: Wirtschaftsunion
Binnenmarkt der EU seit 1993

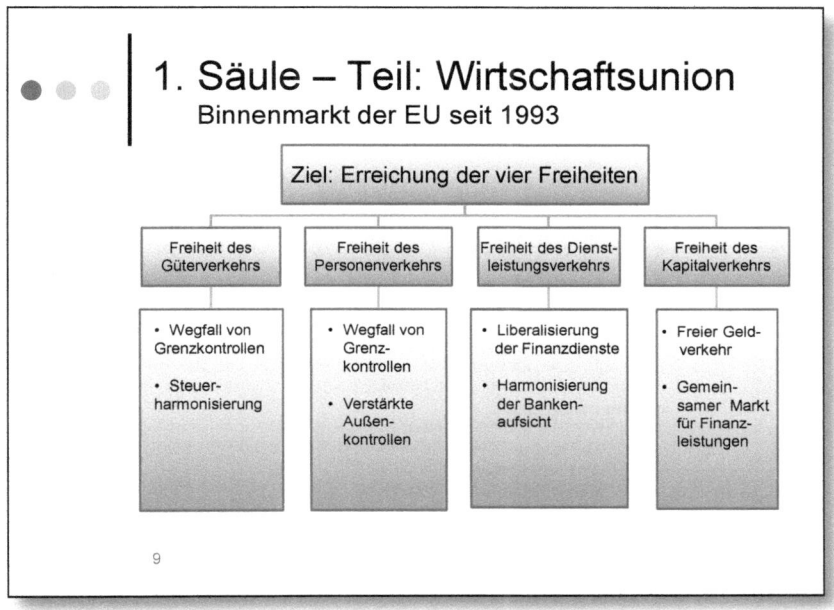

1. Säule – Teil: Währungsunion

o Ziel der Konvergenzkriterien:
Abbau der ökonomischen Unterschiede zwischen den EU-Ländern

o Im Bereich der Währungsunion:

- feste Wechselkurse
- einheitliche Währung
- gemeinsame Geldpolitik
  (Ziel: Preisniveaustabilität)
- Zeitplan und Konvergenzkriterien für den Beitritt zur EWU

Teilnahmebedingungen am EURO – Konvergenzkriterien

- Zur Beurteilung der Stabilitätsreife potenzieller Teilnehmerländer sind im EG-Vertrag Konvergenzkriterien festgelegt:
  - **Preisstabilität:**
    Inflationsrate darf max. 1,5 Prozentpunkte über den drei preisstabilsten Ländern der EU liegen.
  - **Höhe der langfristigen Zinsen:**
    Die langfristigen Zinssätze dürfen max. 2 Prozentpunkte über den drei zinsstabilsten Ländern der EU liegen.
  - **Haushaltsdisziplin:**
    Das jährlich Haushaltsdefizit darf nicht mehr als 3%, der öffentliche Schuldenstand nicht mehr als 60% Bruttoinlandsprodukts betragen.
  - **Wechselkursstabilität:**
    Der Beitrittskandidat muss mindestens 2 Jahre am WKM II teilgenommen haben. Der Wechselkurs der eigenen Währung darf dabei nicht starken Schwankungen gegenüber dem Euro ausgesetzt sein.

Die dritte Stufe der Währungsunion:
Übergang zum EURO

1. Phase (A): Frühjahr 1998 (2. Stufe der Währungsunion):
   Entscheidung über die Teilnehmerländer,
   Errichtung von EZB und ESZB..

2. Phase (B): ab 01.01.1999
   – Ende des EWS,
   EURO-Buchgeld, feste Umrechnungskurse

3. Phase (C): ab 01.01.2002
   – Der Euro ist in 12 EU-Staaten gültige Währung,
   EURO-Bargeld.

Ökonomische Dimensionen der Europäischen Integration 147

Die Entwicklung der EWU seit dem 31.12.1998

- 31.12.1998: EU-Rat benennt die ersten elf EURO-Länder: Belgien, Deutschland, Finnland, Frankreich, Irland, Italien, Luxemburg, Niederlande, Österreich, Portugal und Spanien
- 31.12.1998: Festlegung der bindenden Wechselkurse in der EWU (für Deutschland: 1 EURO = 1,95583 DM)
- 01.01.1999: Einführung des EURO als Buchgeld
- 01.01.2001: Griechenland wird zwölftes EURO-Land.
- 17.12.2001: Ausgabe von EURO-Münzen als „Starter-Kit" (20 Münzen im Wert von 20 DM bzw. 10,23 €)
- 01.01.2002: Der EURO wird als Bargeld in zwölf Ländern eingeführt.
- 02.01.2002: Der EURO kostet 0,9038 US-Dollar.
- 01.01.2007: Slowenien wird dreizehntes EURO-Land.
- 01.01.2008: Malta und Zypern werden vierzehntes und fünfzehntes EURO-Land.
- 01.01.2009: Slowakei wird sechzehntes EURO-Land.
- 01.01.2011: Estland wird siebzehntes EURO-Land.
- 30.12.2011: Der EURO kostet 1,2939 US-Dollar.

Wechselkursmechanismus II (WKM II)
- Stand: 01/2012 -

- Mit der Einführung des Euro wird das EWS durch die EWU abgelöst. Gleichzeitig wurde der Wechselkursmechanismus II eingeführt
- Der neue WKM II ist das Währungssystem der EU-Staaten, die noch nicht an der EWU teilnehmen.
- Der EURO gilt im WKM II als Leitwährung, an dessen Kurs sich die anderen Währungen orientieren.
- Die Teilnahme am WKM II ist Voraussetzung für die Aufnahme in die EURO-Zone.
- Gemäß dem Konvergenzkriterium der Wechselkursstabiltität muss jedes EU-Land, das der Währungsunion beitreten will, zwei Jahre spannungsfrei am WKM II teilgenommen haben. Der Wechselkurs darf daher zwei Jahre lang eine festgelegt Schwankungsbreite gegenüber dem EURO nicht durchbrechen.
- Inzwischen haben bereits mehrere Länder den WKM II erfolgreich durchlaufen und sind der Währungsunion beigetreten. Das gilt für Griechenland, Malta, Slowakei, Slowenien, Zypern und zuletzt Estland (Stand: Januar 2011).
- Dänemark nimmt am WKM bereits seit 1999 teil, kann aber aufgrund einer Sondergenehmigung selbst entscheiden, ob es bei Erfüllung der Konvergenzkriterien in die Währungsunion eintritt. Dies ist derzeit nicht geplant, da die Bevölkerung in Dänemark mehrheitlich mit Nein votiert hat.
- Großbritannien und Schweden haben bislang auf einen Beitritt verzichtet. Bulgarien, Tschechien, Ungarn, Polen und Rumänien sind als EU-Mitglieder gehalten, den EURO als Währung einzuführen und eine Teilnahme am WKM II anzustreben.

Vorteile des EURO

- Keine Transaktionskosten für Bürger und Unternehmen
- Keine Wechselkursrisiken
- Preistransparenz – gedämpfte Inflation
- Attraktiverer Wirtschaftsraum u. Finanzmarkt
- eigene Weltwährung – Unabhängigkeit gegenüber den USA
- Wachstumsschub – mehr Arbeitsplätze
- europäische Stabilitätsgemeinschaft (Abbau von Staatsschulden), europäische Identität durch EURO, Weichenstellung für Politische Union

Risiken des Euro

- Ökonomische Spannungen
  – zwischen wirtschaftlich starken und schwachen Ländern, zwischen „Ins" und „Outs"
- Gefahr der Aufweichung der Stabilitätskriterien
- Inflationsgefahr
  – Stellenwert der Preisniveaustabilität
- Keine dauerhafte Konsolidierung der öffentlichen Haushalte
- Reputation der EZB
  – unterschiedliche geldpolitische Interessen

Ökonomische Dimensionen der Europäischen Integration 149

Probleme der EWWU

- Fehlen einer politischen Union
- gemeinsame Geldpolitik – aber wenig Gemeinsamkeit in der Wirtschafts- und Finanzpolitik und anderen Bereichen
- Inflationsgefahr
- Staatsverschuldung
- Beschäftigung (Problem der Arbeitsmarktflexibilität)
- Stabilität des Außenwertes des EURO

Denkmodell „Kosten-Nutzen-Analyse" der deutschen EU-Mitgliedschaft

„Kosten"	„Nutzen"
- Zahlungen an die EU	- Zahlungen von der EU
	- Friedenssicherung, politische Stabilität

○ *„Europäischer Mehrwert"*	- Binnenmarkt, Exporte

150 Ökonomische Dimensionen der Europäischen Integration

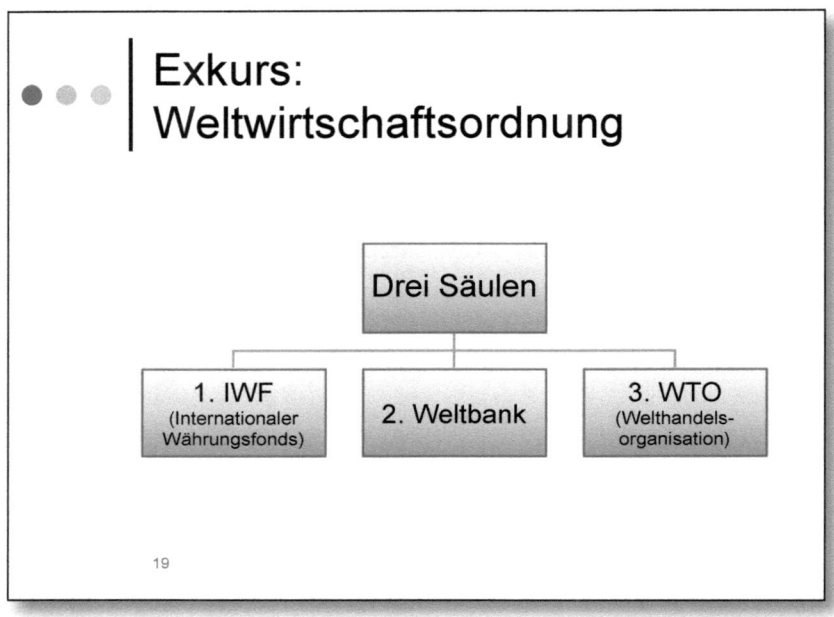

1. Internationaler Währungsfonds IWF
(englisch: International Monetary Fund, IMF)

o Der IWF wurde 1944 in Bretton Woods gegründet (Sitz: Washington).

o Ziele:
  - Förderung der internationalen Zusammenarbeit in der Währungspolitik
  - Ausweitung des Welthandels
  - Stabilisierung der internationalen Finanzmärkte
  - kurzfristige Kreditvergabe zum Ausgleich von Defiziten in der Zahlungsbilanz

o Der IWF hat derzeit 184 Mitglieder.
   Das Stimmrecht richtet sich nach dem Kapitalanteil. Höchste Quoten: USA 17,46%, Japan 6,26%, Deutschland 6,11%, Großbritannien 5,05%.

Ökonomische Dimensionen der Europäischen Integration 151

2. Weltbank

- Die Weltbank ist zusammen mit dem IWF eine weitere Bretton-Woods-Institution, mit Sitz in Washington.

- Ziele:
  Förderung der wirtschaftlichen Entwicklung von weniger entwickelten Mitgliedsländern durch
  – Finanzhilfen
  – Förderung privater Direktinvestitionen und des Außenhandels
  – Maßnahmen zur Armutsbekämpfung

- Stimmrechte nach Anteilseigentum: USA 16,39%, Japan 7,87%, Deutschland 4,49%, Frankreich 4,3%, Großbritannien 4,3%

3a) Allgemeines Zoll- und Handelsabkommen
(GATT = General Agreement on Tarifs and Trade)

- Das GATT wurde 1947 in Genf von 23 Staaten beschlossen und trat 1948 in Kraft. Es war eigentlich ein multinationales Handelsabkommen.

- Ziele:
  – Erleichterung des internationalen Handels
  – Abbau von Handelshemmnissen
  – Beseitigung diskriminierender Eingriffe
  – sog. Meistbegünstigungsklausel (Ein Staat räumt einem anderen alle außenhandelspolitischen Vorteile ein, die er bereits einem dritten Staat zugestanden hat.)

- Das GATT wurde zum 01.01.1996 durch die WTO abgelöst.

3b) Welthandelsorganisation
(WTO = World Trade Organization)

o Die WTO (Sitz Genf) wurde am 01.01.1995 gegründet und löste das GATT endgültig zum 01.01.1996 ab.
o Mit ihrer Gründung wurde eine völkerrechtlich selbständige Organisation geschaffen, die als dritter Pfeiler der Weltwirtschaftsordnung neben dem IWF und der Weltbank tritt.
o Die WTO soll die internationalen Handelsbeziehungen innerhalb verbindlicher Regelungen organisieren und überwachen und bei Handelskonflikten für eine effektive Streitschlichtung sorgen.
o Wichtigste Prinzipien für die Gewährleistung eines freien Welthandels sind:
  – Reziprozität (Prinzip der Gegenseitigkeit)
  – Liberalisierung (Abbau von Handelshemmnissen)
  – Nichtdiskriminierung (insbesondere Meistbegünstigungsklausel)
o Angestrebt wird eine Erhöhung des Lebensstandards der Mitgliedsländer und eine Verbesserung der Beschäftigungssituation durch Ausweitung des Handels und Bekämpfung des Protektionismus.
o Das Regelsystem der WTO für den Welthandel basiert auf drei Säulen:
  (1) GATT, (2) GATS (General Agreement on Trade in Services) und
  (3) TRIPS (Agreement on Trade-Related Aspects of Intellectual Property Rights)

23

15. Geldpolitik der Europäischen Zentralbank

ESZB und das Euro-System

- Da nicht alle Mitgliedstaaten der EU in der Währungsunion sind, wird zwischen dem ESZB und dem Eurosystem unterschieden.

- Das ESZB setzt sich zusammen aus der EZB und den nationalen Zentralbanken aller Mitgliedstaaten der EU. Dem ESZB gehören somit auch die Zentralbanken der EU-Länder an, die nicht Mitglied der EWU sind, d.h. die noch nicht den Euro als Währung haben. Derzeit sind dies 27 EU-Länder (01/2012).

- Das Eurosystem umfasst die EZB und die nationalen Zentralbanken der Mitgliedstaaten, die den Euro eingeführt haben. Derzeit sind dies 17 Staaten (01/2012).

154 Ökonomische Dimensionen der Europäischen Integration

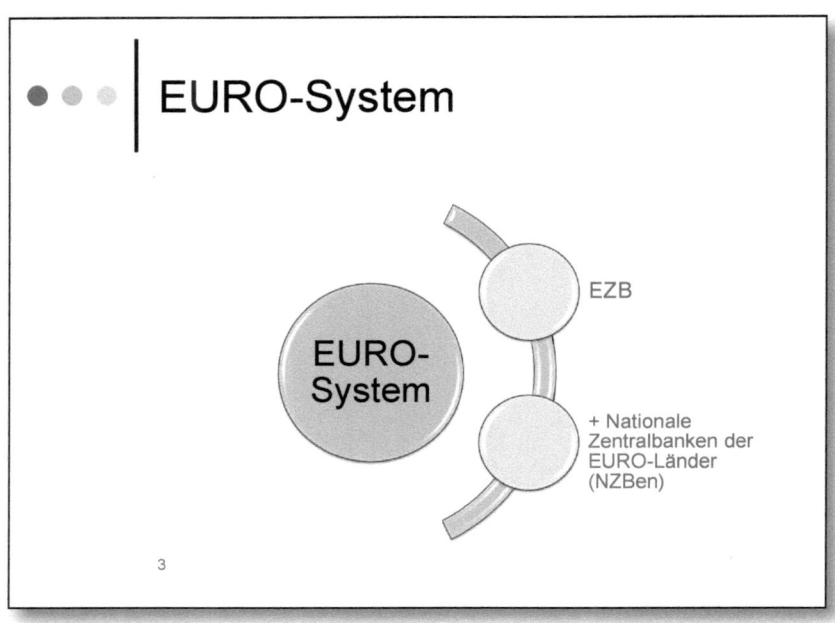

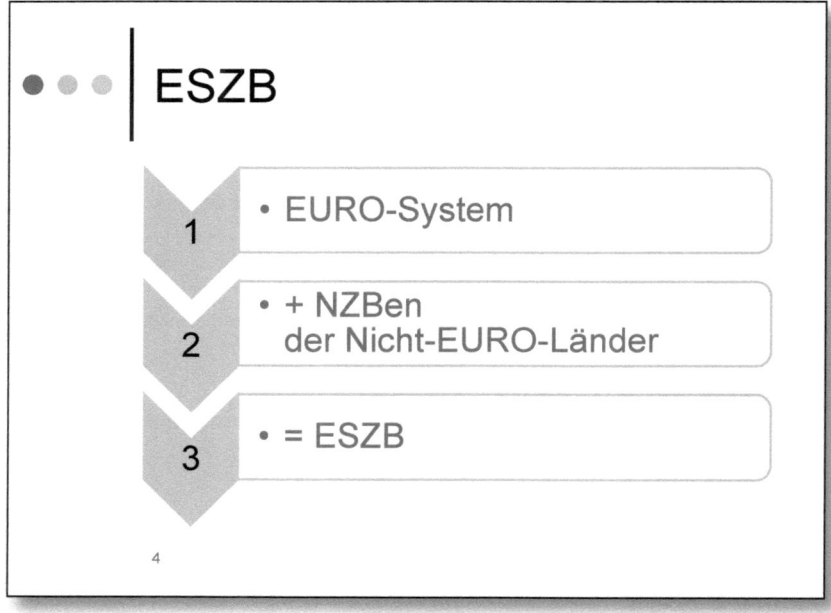

Ökonomische Dimensionen der Europäischen Integration 155

Der EZB-Rat

o Oberstes Entscheidungsorgan des Eurosystems ist
der EZB-Rat:
= EZB-Präsident,
+ EZB-Vizepräsident,
+ vier weitere Mitglieder des EZB-Direktoriums
+ die Präsidenten der 17 nationalen Zentralbanken
des Eurosystems. (01/2012)

o Dem EZB-Rat sind insbesondere die geldpolitischen
Entscheidungskompetenzen zugewiesen.

o Der wichtigste Zins, den der EZB-Rat festlegt,
ist der sogenannte Leitzins.

Ziele des ESZB

o Art. 105 EGV v. 07.02.1992:
„Das vorrangige Ziel des ESZB ist es, die Preisstabilität zu
gewährleisten. Soweit dies ohne Beeinträchtigung des Zieles der
Preisstabilität möglich ist, unterstützt das ESZB die allgemeine
Wirtschaftspolitik in der Gemeinschaft... .
Das ESZB handelt im Einklang mit dem Grundsatz einer offenen
Marktwirtschaft mit freiem Wettbewerb, wodurch ein effizienter
Einsatz der Ressourcen gewährleistet wird...".

o Der EZB-Rat als oberstes Entscheidungsorgan des EURO-Systems
hat dies gesetzliche Vorgabe durch eine weitgehende Definition
geprägt: „Preisstabilität wird definiert als Anstieg des Harmonisierten
Verbraucherpreisindex (HVPI) für das EURO-Währungsgebiet von
unter, aber nahe 2% gegenüber dem Vorjahr". Der EZB-Rat
entschloss sich zu dieser quantitativen Definition von Preisstabilität,
um nicht nur die Geldpolitik des EURO-Systems transparenter zu
machen, sondern auch um einen klar nachvollziehbaren Maßstab
zu geben, an dem Preisstabilität gemessen werden kann.

Aufgaben des ESZB

Die grundlegenden Aufgaben des ESZB sind:

1. Geldpolitik
2. Devisengeschäfte
3. Halten und Verwalten der Währungsreserven
4. Förderung des reibungslosen Funktionierens der Zahlungssysteme

Prinzipien und Rechtsstellung der EZB

- Die EZB ist auf das Hauptziel Geldwertstabilität verpflichtet.
- Andere Ziele (Wachstum, Beschäftigung) werden nur dann verfolgt, wenn sie dem Hauptziel nicht entgegenstehen.
- Die EZB ist autonom, d.h. weisungsunabhängig gegenüber der Politik (Entpolitisierung der Preisniveaustabilität).
- Da dies für alle Mitglieder des EZB-Rats gilt, ist dieses Gremium bei der Gestaltung der Geldpolitik politisch unabhängig. Darin spiegelt sich die historische Erfahrung wider, dass die Politik gelegentlich in Versuchung gerät, Einfluss auf die Geldpolitik zu nehmen, um beispielsweise Wahlerfolge zu erzielen. Oft sind solche Einflussnahmen jedoch mit einer stabilitätsorientierten Geldpolitik nicht vereinbar.
- Die Deutsche Bundesbank setzt die geldpolitischen Beschlüsse des EZB-Rats in Deutschland um, indem sie Banken zu den aktuellen Notenbankzinssätzen mit Zentralbankgeld versorgt.

Ökonomische Dimensionen der Europäischen Integration 157

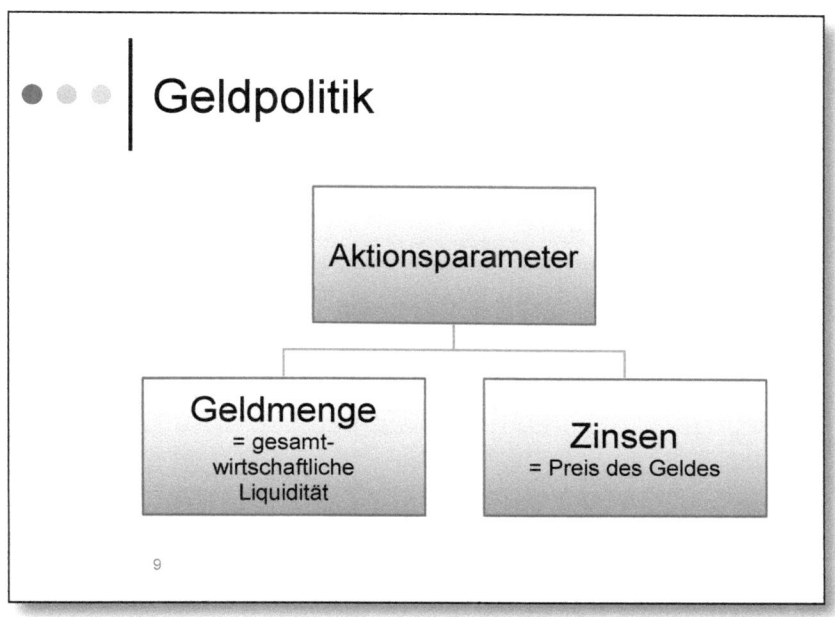

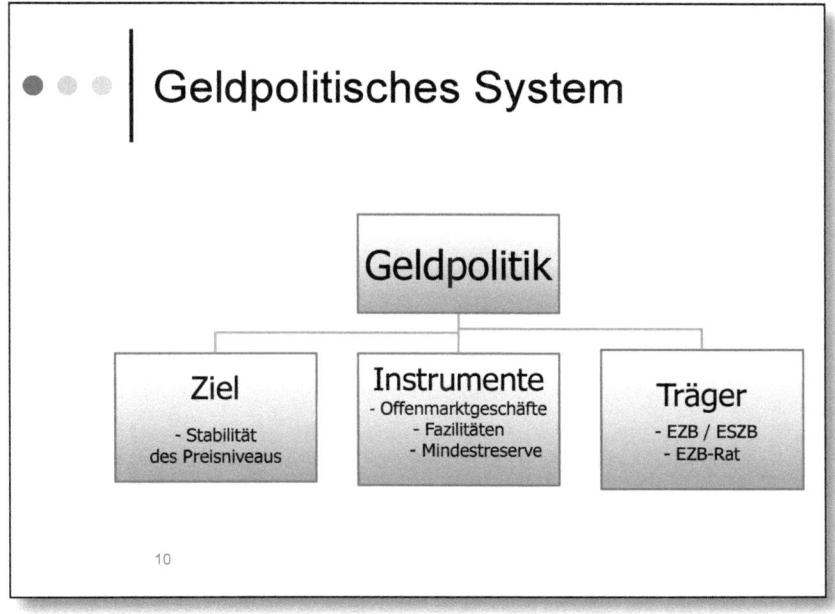

Der Weg der Geldpolitik

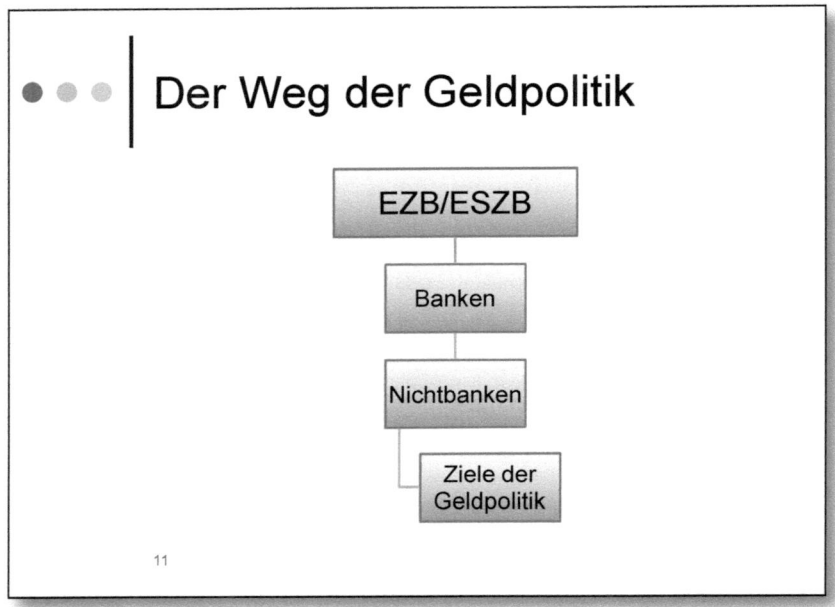

Der theoretische Rahmen der Geldpolitik

- Der theoretische Ausgangspunkt ist die Quantitätsgleichung des amerikanischen Ökonomen Irving Fisher (1867–1947).
- Sie stellt einen Zusammenhang zwischen Geldmenge (M), Umlaufgeschwindigkeit des Geldes (U), Produktionsmenge (Y) und Preisniveau (P) dar.
- M x U = Y x P,
  d.h. Nachfrage = Angebot
- Die Umlaufgeschwindigkeit ist der Quotient aus nominellem BIP und Geldmenge. Wie oft wird ein 100,-- Euro-Schein z. B. in einem Jahr zur Nachfrage (Käufen) verwendet? Eine Steigerung (Verringerung) der Umlaufgeschwindigkeit wirkt wie eine Erhöhung (Verminderung) der Geldmenge.

Ökonomische Dimensionen der Europäischen Integration 159

Geldpolitische Strategie des ESZB

- Steuerung über die Geldmenge M 3
- Annahme:
  Referenzwert für das Wachstum von M 3 ca. 4,5 % pro Jahr

- Wachstum des BIP ca. 2 - 2,5%
  Preissteigerung (P) ca. 2%
  Umlaufgeschwindigkeit von M 3 bleibt kurzfristig relativ konstant

- d M = d BIP + d P - d U (d = Zunahme, Wachstum)
- Geldpolitische Strategie: Erhöhung der Geldmenge muss sich an der langfristigen Wachstumsrate des BIP zuzüglich einer unvermeidbaren Inflationsrate orientieren (M. Friedman).
- Wegen des nicht hinreichend vorhersehbaren Transmissionsmechanismus monetärer Impulse auf die realen Handelsströme und wegen der dabei zu beachteten Wirkungsverzögerungen (time-lags) ist diese Strategie jedoch seit der ersten Finanzkrise 2008 immer mehr in die Kritik geraten.

Verfeinerung der geldpolitischen Strategie des Eurosystems

Quantitative Festlegung des Ziels der Preisstabilität
(Anstieg des HVPI mittelfristig unter 2% p.a.)

1. Säule:
Referenzwert für das Geldmengenwachstum
(M 3 mittelfristig: + 4,5 % p.a.)

2. Säule:
weitere Indikatoren bezüglich Aussichten und Risiken für Preisstabilität (Rohstoffpreise, Löhne, Fiskalindikatoren, Wechselkurse, Konjunkturdaten etc.)

Das geldpolitische Instrumentarium des Eurosystems

1. Offenmarktgeschäfte
   (open market operations),

2. ständige Fazilitäten
   (standing facilities) und

3. Mindestreserven
   (reserve requirement)

1. Offenmarktpolitik

- Prinzipielle Funktionsweise:
  An- und Verkauf von Wertpapieren

- Expansive Wirkung:
  Kauf von Wertpapieren – Geldmenge steigt

  Konflikt für die EZB:
  Ankauf von Staatsanleihen vs. Inflationsgefahr

- Kontraktive Wirkung:
  Verkauf von Wertpapieren – Geldmenge sinkt

- Der hierfür maßgebliche Zinssatz wird als Hauptrefinanzierungssatz bezeichnet und hat eine Signalfunktion.

Ökonomische Dimensionen der Europäischen Integration 161

Wirkungsweise einer expansiven Offenmarktpolitik

2. Ständige Fazilitäten
(„Girokonten" für die Geschäftsbanken)

o Die Banken sind Geschäftspartner des ESZB.

o Über die Spitzenrefinanzierungsfazilität
(engl.: Finanzierungsrahmen) können Banken ihr Konto
gegen Sollzinsen bei den Zentralbanken „überziehen"
– die Geldmenge steigt (Übernachtkredit).

o Über die Einlagefazilität können Banken auf ihrem Konto
verzinste Guthaben (Habenzinsen) bilden
– die Geldmenge sinkt.

EZB - Zinsen

o Der EZB-Leitzins ist der sog. Hauptrefinanzierungssatz. Diesen Leitzins müssen die Banken zahlen, wenn sie von der EZB Geld leihen.

o Spitzenrefinanzierungssatz: 1,75 %
o Hauptrefinanzierungssatz: 1,00 %
o Einlagenfazilität: 0,25 %
(Stand: 14.12.2011)

3. Mindestreservepolitik

o Jede Bank muss von Kundeneinlagen bei den nationalen Zentralbanken auf Girokonten Mindestreserven abführen (s. Art. 19 der ESZB-Satzung).
Den Rest des Kundengeldes (Einlage – Mindestreserve) können die Banken zur Kreditvergabe verwenden.

o Die Höhe des Mindestreservesatzes wirkt sich somit direkt auf den Spielraum der Giralgeldschöpfung des Bankensystems aus (s. Multiplikator der Geldschöpfung).

o Die Mindestreserve wird in Höhe des Refinanzierungssatzes verzinst.

o Mindestreservesätze:
– zu Beginn der dritten Stufe der EWWU (1999): 2%
– seit 14.12.2011: 1%

Ökonomische Dimensionen der Europäischen Integration 163

Ein Nachtrag:
Warum VWL das beste Studium ist

(Quelle: Handelsblatt Nr. 96 vom 20.05.2005, Seite k 01)

Kein Unternehmen schwebt im schwerelosen Raum – und kein Konzern existiert ohne die Verlinkung zur Gesellschaft. Kaum jemand kann die zahlreichen Verflechtungen zwischen Wirtschaft, Unternehmen und Gesellschaft besser erklären als ein Volkswirtschaftler. Wann immer Wirtschaftswissenschaftler gefordert sind, diese komplexen Beziehungen zu verstehen und zu erklären, greifen sie auf die Methoden und Erkenntnisse der Volkswirtschaftslehre zurück. Die Brücke zwischen dem MikroKosmos eines Unternehmens und dem Makrokosmos der Volks- oder Weltwirtschaft ist mit Hilfe des interdisziplinär geprägten Studiums leicht zu schlagen.

Kaum ein ökonomischer Studiengang polarisiert dabei ähnlich wie die Volkswirtschaftslehre – die Meinungen reichen von „der beste Ausbildungsweg zum eloquenten Taxifahrer" bis zu „höchst komplexe theoretische und stark vergangenheitsorientierte Ausbildung mit geringem Praxisbezug". Mit solchen Urteilen wird die Bedeutung von VWL für Berufe im Management in Frage gestellt. Eine Einschätzung, die den realen Nutzwert des Studiums nicht erkennt und die den Berufschancen von Volkswirten nicht entspricht. Denn VWL ist zu Zeiten von Stagnation, Reformstau und Kapitalismus-Diskussion eine gefragte Disziplin; sie bietet eine einzigartige Ausbildung. Das Studium vermittelt ein exzellentes, umfangreiches Handwerkszeug, mit dem die Wirtschaft und ihre Schnittstellen zu Politik, Gesellschaft, Psychologie und Philosophie als Ganzes analysierbar wird. Handlungsoptionen für Einzelne und für Organisationen lassen sich nachvollziehbar ableiten.

VWL besticht und fasziniert dabei durch die Kombination mathematisch-logischer Herleitungen von Modellen und Verhaltensweisen mit betriebswirtschaftlichen Elementen und Sichtweisen. Das Besondere daran – und damit sicherlich das Gewürz in der ganzen Mischung – ist die nationalökonomisch/wettbewerbliche Perspektive. Gerade in Deutschland hat diese Sichtweise durch die Erfinder der Marktwirtschaft eine lange Tradition. Kein vergleichbares ökonomisches Fach kombiniert scheinbar triviale Argumentationsketten mit entsprechend fundierten Ableitungen wie die Volkswirtschaftslehre.

Gerade in der strategischen Top-Management-Beratung zeigt sich, dass der Instrumenten-Mix aus BWL, Wirtschaftstheorie und Wirtschaftspolitik Hochschulabsolventen ein sehr gutes Handwerkszeug bietet. VWL-Studenten sind bestens dafür gerüstet, klassische Datenanalysen, aber auch komplexe dynamische Szenarioanalysen im gesamtwirtschaftlichen Kontext durchzuführen. Je internationaler dabei die Auswirkungen von Entscheidungen sind, desto mehr wird von den Grundelementen eines VWL-Studiums profitiert: Disziplinen wie die neue Institutionen-Ökonomik mit ihren Principal-Agent-Theorien, aber auch die monetäre und reale Außenwirtschaftstheorie bieten ein ausgesprochen praxisnahes Rüstzeug, um dem Top-Management Antworten und Lösungen im gesamtwirtschaftlichen Kontext zu offerieren.

Ein weiterer nützlicher Nebeneffekt: Entwicklungen der Weltwirtschaft können analysiert, interpretiert und zum eigenen Wettbewerbsvorteil genutzt werden. Nicht von ungefähr gilt es unter Volkswirten als ein unverzichtbares Element der Examensvorbereitung, die Wirtschaftsteile führender Tageszeitungen mit Hilfe der VWL-Theorien zu analysieren und zu verstehen. Eine Übung, die auch zum täglichen Brot einer erfolgreichen Karriere in der Wirtschaft gehört – es geht dabei schließlich um das vorausschauende Wohl von Klienten, Partnern und dem eigenen Unternehmen.

Klaus-Peter Gushurst,
Deutschland-Chef der Unternehmensberatung Booz Allen Hamilton

Literaturverzeichnis

Einführende Werke in wirtschaftliche Zusammenhänge

Baßeler, U.: Heinrich, J., Utrecht, B.: Grundlagen und Probleme der Volkswirtschaft, 19. Auflage, Stuttgart 2010
Bofinger, P.: Grundzüge der Volkswirtschaftslehre, 3. Aufl., München 2010
Eschenburg, T.: Letzten Endes meine ich doch, Erinnerungen 1933 – 1999, Berlin 2002
Hieber, F.: Öffentliche Betriebswirtschaftslehre, 7. Aufl., Sternenfels 2011
Mankiw, N. und Taylor M.: Grundzüge der Volkswirtschaftslehre, 4. Aufl., Stuttgart 2008
Siebert, H.: Der Kobra-Effekt. Wie man Irrwege der Wirtschaftspolitik vermeidet, München 2001
Sperber, H.: Wirtschaft, verstehen – nutzen – ändern, 4. Aufl., Stuttgart 2012
Wagenblaß, H.: Volkswirtschaftslehre, öffentliche Finanzen und Wirtschaftspolitik, 8. Aufl., Heidelberg 2008

Historisch bedeutende Werke der Ökonomie

Eucken, W.: Grundsätze der Wirtschaftspolitik, Hamburg 1959
Friedman, M.: Kapitalismus und Freiheit, München 1976
Friedman, M.: Die optimale Geldmenge und andere Essays, München 1970
Hayek, F.A.v.: Der Weg zur Knechtschaft, Landsberg 1994
Keynes, J.M.: Allgemeine Theorie der Beschäftigung, des Zinses und des Geldes, 7. Aufl., Berlin 1994
Popper, K.: Die offene Gesellschaft und ihre Feinde, 2 Bände, Stuttgart 1992
Schumpeter, J.A.: Theorie der wirtschaftlichen Entwicklung, Eine Untersuchung über Unternehmensgewinn, Kapital, Kredit, Zins und den Konjunkturzyklus, 9. Aufl., Berlin 1997
Smith, A.: Der Wohlstand der Nationen, eine Untersuchung seiner Natur und seiner Ursachen, München 1999
Weber, Max: Die protestantische Ethik und der Geist des Kapitalismus, Heidelberg 1905
Wheen, F.: Karl Marx, Das Kapital, München 2008

Außerdem im Verlag Wissenschaft & Praxis erschienen:

Prof. Fritz Hieber

Öffentliche Betriebswirtschaftslehre
Grundlagen für das Management in der öffentlichen Verwaltung
(WISSEN KOMPAKT)
2011, 7., überarb. Aufl.,
140 S., € 20,00
ISBN 978-3-89673-592-8

Dieses Grundlagenwerk bietet neben dem Kundenkreis Studierenden an Universitäten, Fachhochschulen, Dualen Hochschulen und anderen Bildungseinrichtungen, insbesondere auch den Praktikern in den öffentlichen Verwaltungen und öffentlichen Betrieben, einen geeigneten Überblick über die wesentlichen betriebswirtschaftlichen Steuerungselemente der Verwaltungsreform.

Das bereits in der 7. Auflage vorliegende Buch ist überarbeitet und berücksichtigt neue betriebswirtschaftliche Beiträge für eine ergebnisorientierte Steuerung in der öffentlichen Verwaltung.

Printed by Libri Plureos GmbH
in Hamburg, Germany